孤独死の看取り

ドクターファンタスティポ★
嶋守さやか

山谷・「ホテル白根」の
おかみさん

新評論

二〇一三年一二月二四、二五日、Perfume《パフューム》の東京ドームツアー。ＪＲ水道橋の駅前。空気の抜けた白い風船が落ちていた。手にとって広げると、こう書かれていた。

世界は愛でできている
愛で世界は変えられる
私たちで変えていく　　　かしゆか

愛で世界は変えられる？　私たちで変えられる？

せめて、人が息を引き取る瞬間。そこにはきっと、孤独死を看取る人たちのアイがアル。

そう信じて――

この本を、書店で手に取ってくださったすべてのみなさん、なかでも、福祉に興味をもって取り組んでみようと思っている皆サマへ、愛を込めて捧げます。

Welcome to ドクターファンタスティポ★ワールド。

ドクターファンタスティポ★嶋守さやか、復活です！

はじめに

この本を書店で見つけてたまたま手にとり、このページを開いて読んでいる皆さん、あなたは『ファンタスティポ』を覚えていますか？

『ファンタスティポ』とは、二〇〇五年に公開された映画です。配給会社はジェイ・ストーム、主演は「KinKi Kids」の堂本剛くんと「TOKIO」の国文太一くんでした。この本の著者であるあたしは、この映画の公開当時から大学で福祉社会学を教えていて、『ファンタスティポ』をこよなく愛していました。

今、思い返してもなぜそう思ったのかよく分かりません。でも、そのときのあたしにとっては、ごくあたり前のことのように「『ファンタスティポ』が大好きだ。だから、『ファンタスティポ』で社会福祉の本を書こう」と考えました。

その後、あたしは『ファンタスティポ』にかかわるたくさんの方々からステキすぎるインスピレーションと大きなチャンスをいただいて、二〇〇六年に『しょうがい《せいしん》しゃの皆サマの、ステキすぎる毎日』という本を書いています。物語の舞台は、沖縄県の宮古島にある「精神障害者地域

Column ❶

映画『ファンタスティポ』

この映画は、2005年に「J Storm」の第４弾自主制作映画として公開された。堂本剛・国分太一のダブル主演で、監督は本作品が監督デビューとなった薮内省吾である。映画のパンフレットに示された「プロダクションノート」によると、この映画は「自らの生き方を迷い探す『青年期』の若者の心理を『家族の日常』を切り取りながら、非日常的な世界観の中でシュールに描く作品」となっている。

他人に対しては「ありがとう」と簡単に言えるが、親や兄弟に対しては同じ言葉を簡単に言うことができない感覚に似た「空気」のもと物語が進み、そして「フワッ」とした感じで幕が閉じられる。「映画を観られる方がこの兄弟・親子の織り成す『あの感覚』を五感で感じ、それぞれに何かを思う事」、これこそがこの映画の唯一のメッセージであると「プロダクションノート」には記されている。

本書の著者である「あたし」は、フィールドワークの折に出会う人達から「あの感覚」を感じ、前著において「あたし」の「あの感覚」をみなさんに伝えたいと望み、「脱力★ファンタスティポ系社会学シリーズ」を刊行した。そして、2006年11月には、桜花学園大学秋桜祭という舞台で、薮内省吾監督と出版記念の対談講演を行った。

薮内監督と対談する筆者

活動支援センターひらら」。そこに通うしょうがいしゃの皆サマの、ステキすぎるファンタスティポな毎日をテーマにして前著はできあがりました。

そして現在、本当にあっという間でしたが、前著を出版してから九年が過ぎ、あたしは現在所属している桜花学園大学保育学部の准教授になりました。そして今も、あたしは「しょうがいしゃの皆サマの、ステキすぎる毎日」の研究を続けています。

次は何の話を書こうかな……とぼんやり考えていた九年前のある日、「今度は、大都会のしょうがいしゃ福祉について書いてみよう」と思いました。「前著の舞台だった宮古島で見てきた世界とはまったく別の福祉社会が見たい」、それは「しょうがいしゃの皆サマの生活を支えるのに必要な福祉の機関・施設だけでなく、しょうがいしゃの皆サマの仕事や娯楽がたくさんある所。しょうがいしゃの皆サマが、毎日の過ごし方を自分で好きなように選ぶことができる所ってないのかな……」と考えたからです。

やはり、次は東京かな……と考えたあたしがたどり着いた所は、東京都世田谷区と山谷地区、そして大阪の釜ヶ崎でした。裕福で社会福祉資源が数多くある「世田谷」と、貧困地区と言われる「山谷」と「釜ヶ崎」、これら対照的な福祉社会を取り上げて考えてみたい今回のテーマは「孤独死の看取り」です。

今回、このテーマに決めることになったきっかけは、二〇一二年一月、NHK総合テレビで放送された「無縁社会～〝無縁死〟3万2千人の衝撃～」を見たことです。日本が「無縁社会」となった時代的な背景について、この番組のホームページは次のように説明していました。「『無縁社会』はかつて日本社会を紡いできた『地縁』『血縁』といった地域や家族・親族との絆を失っていったのに加え、終身雇用が壊れ、会社との絆であった『社縁』までが失われたことによって生み出され(1)」ている、と。

無縁社会が社会問題として取り上げられていたこのとき、あたしは世田谷区で障害者プロレス団体「ドッグレッグス」でのフィールドワークを行っていました(2)。ドッグレッグスは、団体設立当時から健常者と障がい者とが「疑似家族」的な、濃密すぎるつながりをつくりだしていました。

---

(1)　NHK ONLINE「無縁社会～〝無縁死〟3万2千人の衝撃～」http://www.nhk.or.jp/special/onair/100131.html。NHK「無縁社会プロジェクト」取材班『無縁社会　〝無縁死〟3万2千人の衝撃』文藝春秋、二〇一〇年。

(2)　嶋守さやか「唯、君ヲ愛スー『ドッグレッグス』というコミュニケーション」『金城学院大学論集　社会科学編』5(1)五三～七三ページ、二〇〇八年。また、同「しょうがいしゃと夢ー障害者プロレス、写真、TE－DEマラソン、結婚、それぞれの自己実現」『桜花学園大学保育学部研究紀要』(6)六一～八八ページ。二〇〇八年には、ドッグレッグス・レスラーの陽ノ道と永野・V・明による講演記録が掲載されている。

Column ❷

障害者プロレス　ドッグレッグス

ドッグレッグスは、1991年にボランティア団体「ドッグレッグス」が旗揚げした障害者プロレス団体である。団体誕生のきっかけは、設立から現在までリングに上がり続ける古株レスラーのサンボ慎太郎と欲神マグナム浪貝が女の子を獲り合っての喧嘩だった。それを見た北島行徳代表が、「障害者のガチ喧嘩を興業にしたら面白い」と思い至ったことが障害者プロレスの原点である。

同年４月27日、第１回興業「体挙発表会」が世田谷ボランティアセンター２階会議室で開催されたが、観客わずか５名でのスタートだった。以来、第88回興業「障害リレーション」（2015年１月10日、北沢タウンホール）まで常に会場を満員にし続けている。障害者同士、また障害者対健常者が「違いを認め合ったうえで、互いをどこまで受け入れられるか」。ドッグレッグスでは、レスラーが同じリングで対等に闘うために、障害等級と障害のある身体部位の可動域を考慮したルールが設けられている。

1993年には天願大介監督によりドキュメンタリー映画『無敵のハンディキャップ』が制作され、現在はヒース・カズンズ（Heath Cozens）監督によるドキュメンタリー映画『DOGLEGS』が制作中（筆者も出演予定である）。

アンチテーゼ北島 VS サンボ慎太郎の試合風景

そのことがとても面白く、かけがえのないことに思えて研究していたある日のこと、次のような連絡が入りました。

「精神科のクリニックで、アルコールや薬物依存の患者さんたちに芸術療法としてボクシングを教えています。もし、よかったら来ませんか？」

ドッグレッグスのトレーナーを務めているマングース鈴木さんからのお誘いでした。

「アル中とヤク中の患者さんが、精神科のクリニックでリハビリのために正々堂々とボクシングをする？　って、なんだそりゃ?!」

とっても不思議なことだけど、「おそらく世界に一つしかない精神科のボクシングプログラムに行ってみたい」と思ったあたしは、早速その精神科クリニックを訪れて、ボクシングプログラムなるものを視察しました。そこで紹介されたのが、このプログラムを立ち上げた方の一人で、本書で最初に取り上げることになった「ＮＰＯ法人　友愛会」で生活相談員をされている田中健児さんでした。

「友愛会は、その素行の悪さや無鉄砲さのために、ほかのどんな社会福祉施設にも入所できない利用者さんを引き受けて、支援している」

「利用者さんの多くは、亡くなられても遺骨すら家族に引き取ってもらえない」

友愛会を訪れて田中さんからこのような話をうかがったのですが、その前日、友愛会の宿所提供施設では一人の利用者さんが亡くなっていました。

「この方も、友愛会にいらっしゃる前に路上で暮らしていました。友愛会でお世話になっているお寺で、『無縁仏』としてご供養されるんです」

この言葉を聞いたとき、「ああ、これがまさに無縁社会と呼ばれるものなのだな」とあたしは思いました。と同時に、とても不思議な感じがしました。友愛会のスタッフの皆さんたちの、優しくて豊かな愛情にあふれたお見送りがあっても、この方は「無縁仏」になるのだろうか……と。

その後、夕方になって、あたしは漫画『あしたのジョー』（原作・高森朝雄、作画・ちばてつや）の舞台である山谷の町を友愛会の田中さんと歩き、生まれて初めてホームレスの女性と話をしました。道端に座り込んで、同じ目の高さで言葉を交わし、「魚の白身のキャットフードしか絶対に食べないのよ」というその方が飼っていた丸々と太った猫をなでて友愛会の事務所に戻ったとき、あたしは無理を言って、前日に亡くなったという利用者さんが寝ていたベッドに腰かけてみました。柔らかい布団に触り、先ほどお話したホームレスの女性を思い出したとき、あたしはふと思ったのです。

ああ、なんてあったかいのだろう。医療と福祉があったからこそ、ここで亡くなった方も、きっと「無縁仏」ではなく「有縁仏」になられたはずだ、と。考えてみれば、今まで知る機会がなかったけれど、友愛会で生活する利用者さんも、山谷で暮らすホームレスさんたちも、あたしと同じ人間だったんだ。そして、その方々を救っている医療と福祉の人たちがいるんだ、と。

友愛会が設立されてから延べ一〇〇〇人以上にも上る利用者さんがいるそうですが、無縁仏になったという方々が最期を迎えられるそのときまで、必ずスタッフの皆さんが付き添っています。山谷という無縁社会において、血縁ではなく、医療や社会福祉のつながりを媒介にしてできあがっているあったかい町のつながり、この「有縁」を何と呼べばよいのでしょうか。家族ではないけれど、家族以上に濃密なつながりがあるとも言えます。

そうか、きっとこれがファミリーだ！　現代の社会だからこそできあがった、家族ではない「家族」のつながりなんだ！

そう考えた矢先、世田谷区の「障害者就労継続支援B型事業所ハーモニー」で、あたしはある利用者さんの孤独死の「問題」を知ることになりました。山谷だけでなく、世田谷という町でも医療と家族に見放された状況で亡くなっている人がいたのです。

その人は、あたしが知っていた中村さんという人でした。亡くなられたことがとても悲しくて、悔しくて、涙が止まりませんでした。けれども、中村さんもまた、最期を迎えられたその直前まで、ハーモニーのスタッフとメンバーたちとの愛に満ち満ちたつながりのなかで生きていたのです。福祉サービスがあったからこそ出逢えたあったかいファミリー、「家族」のつながりのなかで中村さんは笑って生きていたのです。

フィールドワークで出逢ってきた「孤独死」を看取るスタッフさんや仲間たちのかぎりなくあったかい愛に満ちた数々のお話は、本当に哀しくてとってもステキです。何とかして、「孤独死の看取り」の話をあたしはできるだけ多くの人に伝えたい。それをおとぎ話のように伝えるのではなく、社会学博士というあたしの研究上の責任をきちんと負いながら伝えたい。そのために、あたしは再びドクターファンタスティポ★として、このお話を書くことにしたのです。

もし、この本に興味をもって、読んでもいいかな、と思ってくれた皆さん、「孤独死」を支える人たちのあったかいお話の真実をぜひ知ってください。そして、皆さんが、どうしたら周りでそんなあったかいつながりがつくれるのだろう、と考えてほしいのです。もちろん、その答えを見つけることはとてつもなく難しいことかもしれません。なぜなら、正解がないからです。

冒頭に紹介した映画『ファンタスティポ』のキャッチフレーズは、「わかってもわからなくても、いいと思うよ」です。正解がないことを考えるにあたり、それが「わかってもわからなくても、いいと思うよ」とあえてここに書くことには理由があります。

先ほどあたしは、「フィールドワークで出逢ってきた『孤独死』を看取るスタッフさんや仲間たちのかぎりなくあったかい愛に満ちたお話」を、「できるだけ多くの人に」、「社会学博士というあたしの研究上の責任をきちんと負いながら伝えたい」と書きました。この本を書くために、あたしは九年間という時間を費やしてきました。その調査のなかで、さまざまな事例に出逢いました。なかには、悲惨極まりないと言うほかないような厳しい現実もありました。

事例としてあたしが出逢った皆さんには、厳しく悲惨な現実を生き抜いて、天寿を全うされたそれぞれの人生があります。調査をして研究したからという理由だけで、それをあたしが書いてもよいものか……そもそも書けるのか。考えれば考えるほど、どうしても書けない。どうしたらよいものか。散々逡巡して考え抜いたあげく、あたしが導き出した結論は、「それを書かない」ということでした。現場の現実は、そこで命と人生を懸けて働く現場の人間が書くべきだと考えたからです。

では、「社会学博士という研究上の責任を負いながら」、あたしはこの本で何を書こう？　そこであたしが思い描いたのは、この本を一番読むことになる読者の皆さんのことでした。この本は大学の教科書としても使用することにしています。だから、授業で出会う、ほとんどがまだ成人もしていない女子大生さんたちに一番伝えたいことを書くことにしました。

まず、孤独死を看取る仕事がどのようなものか。どんな人が孤独死し、その人がどのように看取られてお見送りされているのか。その現場はどんな場所で、どれほどあったかい人と人とのつながりが、そこでともに生きている仲間とつくりだされているのか。

それらについてあたしが語ることで、その語りを聴く、今を生きる読者の皆さんが、あったかい人と人とのつながりをつくっていくための「優しさ」を生み出す原動力となって欲しい。そのために、この本を読もうとしてくれている読者の皆さんに、「孤独死」という現実に寄り添う人と人とのあったかいつながりがあることをまずは知って欲しいと願っています。

知ることで、今、生きている時間を一緒に過ごしている大切な存在が自分のそばにいてくれるという、とてつもない奇跡に気づくことができます。「ともに生きる」という奇跡をつないでいきたいと心から願いながら、皆さん自身から周りの人を大事にして欲しい。それがこの「無縁社会」と呼ばれる現代社会に生きているあたしたちのハッピーの力だし、その力があってこそ、「支えあい」や「支援」というあったかいつながりがつくれるのではないかと、あたしは考えているのです。

さて、そろそろお話をはじめましょう。この本も前作と同様に、ファンタスティポで素敵満載の出来事がいっぱいあります。どうか、それらを堪能しながら、皆さんの日常生活にあるハッピーであったかいつながりをたくさん見つけてくださいね。

また、「あとがき」でお会いしましょう★

ドクターファンタスティポ★嶋守さやか

もくじ

第2章 かるたと福祉
——障害者就労継続支援B型事業所ハーモニーと幻聴妄想かるた　79

第3章 音楽と福祉
——即興楽団UDje《うじゃ》( )と《ユニバーサルデザイン》　145

脱力★ファンタスティポ系　社会学シリーズ②

孤独死の看取り

本書は私のフィールドワークノートに基づいて文章にしましたが、フィールドワークをしていた当時と現在の状況が異なる場合があります。

本書で取り上げた団体の関係者の方々と作者である私とが納得のいくまで相談をし、内容がまとめられています。

ドクターファンタスティポ★の、お仕事もあるし研究もガンバる毎日
――愛弟子SP1.5号しほの「乳輪から破れるシミーズ」

二〇一三年六月三〇日、夜。あたしは「しほ」こと愛弟子の水野志保と、名古屋駅前にあるデニーズでブラックコーヒーを飲んでいた。

しほとは、あたしが大学講師になって初めて担当したゼミ生だ。大学を卒業して六年が過ぎた今、しほは「特定非営利活動法人　生き生きネットワークてとろ」が運営する「ケアセンターてとろ大曽根」という高齢者と障がい者のケアを提供するNPO法人で働いている。

「あたし、今年でもう二八歳になるんだよ」

久しぶりに会ったしほは、おもむろにそう話しはじめた。きっと、「ドクター（しほは、あたしを「せんせぇ」ではなく「ドクター」と呼ぶ）、あたし結婚するんだよ」とでも報告するのかな、とあたしは思った。しほはいつもどおりに、落ち着いた口調で話を続けた。

「信じられないよね。今の会社に就職して今年で六年になるけど、こんなに楽しく仕事を続けられるなんて、ちっとも思ってなかったよ」

大学を卒業してからずっと同じ職場で働いているしほは、就職して四年が過ぎたころ、急に

Column ❸

NPO法人　生き生きネットワークてとろ ケアセンターてとろ大曽根

2003年に設立されたNPO法人。活動事業は、「地域密着」をコンセプトに、介護保険適用介護サービス事業（訪問介護・デイサービス）、介護保険外生活支援事業、障害福祉サービス（居宅介護、重度訪問介護、視覚障害者移動支援、デイサービス、生活介護）、名古屋市のサービスとして視覚障害者以外への移動支援を行っている。

住所：〒462-0825　名古屋市北区大曽根2-11-5 エスポワール大成1F

TEL：052-910-9100

てとろ大曽根の入り口

「ねぇ、ドクター、飲もうよ」と連絡してきた。すでに介護福祉士の国家資格を取得していたし、気づけばその事業所のサービス提供責任者になっていた。そのうえ、ケアマネの試験にも合格していた。

彼女がまだ大学二年生だったとき、あたしは障害者福祉論という授業を担当していた。しほは、定期テストを三〇分で解き終えて、非常に渋くて落ち着いた声で「あたし、やるときはやるから」と言って退室していった。採点したところ、その講義の受講者のなかで一番の成績を収めていた。すごいなぁーと思っていたら、ある日突然、しほは「なんか、せんせぇのゼミに入りたい気がする」と言ってきたのだ。

しほの言葉で、あたしが研究者になろうと決めたときのことを思い出した。そのときのあたしも、しほと同じように「大学院に行きたい気がするんです」と恩師の柿本昭人先生に言った。そうかそうか、しほ。あなたは、あたしのゼミに入りたい「気がする」んだね。あたしのゼミ生らしくて、とってもイイね。その申し出をあたしは快諾し、しほはあたしの初めてのゼミ生になった。

ちょうど、そのころのことだった。あたしはこの本の前作である『せいしんしょうがいしゃの皆サマの、ステキすぎる毎日』（新評論、二〇〇六年）を出版した。出版記念にと、その年の大学祭で映画『ファンタスティポ』の監督である薮内省吾さん(1)とディレクターの山際新平さん(2)を招き、あたしは対談講演を行った（**コラム4参照**）。

このときしほは、もう一人のゼミ生とともに薮内さんを護衛するSPになってくれた。ゼミ生

(1)　一九六八年生まれ。演出家、脚本家、映画監督。ROBOT所属。『ファンタスティポ』が映画初監督作品。『ぴったんこカン・カン』『中居正広の金曜日のスマたちへ』（ともにTBS）などのTVオープニング演出や、堂本剛/HEIAN FUNK平安神宮ライブ2013（二〇一四年八月発売）の映像監督を務めている。

(2)　一九五九年生まれ。映画制作プロデューサー、株式会社クロニクル代表。映画『ファンタスティポ』のほか、『ALWAYS　三丁目の夕日』『ALWAYS　続・三丁目の夕日』『ALWAYS　三丁目の夕日'64』、『校歌の卒業式』の映画プロデュースを務めている。

Column ④

薮内省吾監督との対談講演

2006年10月29日、桜花学園大学豊田キャンパス（2009年４月に改組転換がなされ、学生募集停止となった）にて開催された第17回秋桜祭で、桜花学園大学後援会からの甚大なご尽力をいただき、薮内省吾監督を招いて対談講演を行った。

映画『ファンタスティポ』が「兄弟とは？　自由ってなに？　愛ってどんなもの？」を問い、「その答えを迷いながら、つまずきながら不器用に探し続けた兄と弟の“愛と自由と再生”の物語」であったことから、学生達の「自分探し」を考える「心の旅」を対談講演の大きなテーマとして掲げた。対談講演に先立ち、講義で映画『ファンタスティポ』を教材として取り上げ、学生にはレポートを作成してもらい、薮内監督にそのレポートを渡している。

対談当日、薮内監督自らそのレポートに対する所感を直接学生に返答してもらって講演会を進めていったわけだが、感激して涙する学生もいて、本当に素晴らしい思い出となった。

薮内監督と記念写真

二人をただのＳＰ1号、2号とするのはもったいないような気がして、あたしはしほに「ＳＰ1.5号」、もう一人のゼミ生には「ＳＰ2.3号」と名づけることにした。

映画の主人公であるトラジとハイジを真似した黒いスーツに身を包み、水鉄砲を持って薮内さんと行動をともにしていた二人に薮内さんは、「1号、2号では、何だかいろいろ収まりきらないんだね」と言った。

薮内さんのこの言葉どおり、しほは就職してからも非常に個性豊かに、そして何よりも楽しそうに、介護の仕事に毎日励んでいた。

「やっぱりさ、この仕事には、もちろん知識も技術も必要だとは思うよ。でも、続けていくのに一番大事なのって、利用者さんやスタッフとの毎日のなかで『面白いって思うこと』をいかに拾えるかっていう力にかかってると思うんだ」

「ドクター、飲もうよ」と連絡してきてくれるたびに、しほはあたしに介護のオシゴトで遭遇する面白い話を何度も話してくれていた。あたしはしほに会うたびに、彼女のステキすぎる毎日の、お仕事の話が聴けるのだなぁとワクワクしていた。しほの笑顔を見ながらあたしは、これまでに彼女が話してくれた話のなかで一番大好きだなぁと思っていた、ある利用者さんの話を思い出していた。それは、しほがお世話をしていた、九〇歳を過ぎた認知症の女性の、圧巻すぎる話だった。

あるとき、その利用者さんの記憶が一八歳にまで戻ってしまった。その九〇歳の女性がある日、しほに向かって「水野さん、あたし生理が来たの」と言った。何を言っているのかな……と思いながら、その方の介護用おむつを交換しようと下ろした途端、しほは腰が抜けるほど驚いた。

そのときまでの日々では、九〇歳の女性の水気も汁気もない、かっさかさのおむつだった。しかしその日は、「生理が来たの」と言うその利用者さんの言葉どおり、たしかにおむつにおりものがついていたのだ。

下血か？　いや、人間、記憶が戻って「絶賛、夢見る一八歳」になると、カラダまでが一八歳に戻るとでもいうのか？

すぐにしほは看護師さんに連絡をとり、「絶賛、夢見る一八歳」になってしまった利用者さんの検査をしてもらった。しかし、その利用者さんには何ら医学的な異常は見られず、相変わらずお元気で、「絶賛、夢見る一八歳」の可愛い女の子のままだったという。

この話を聞いたあたしは思わず感嘆してしまい、しほと二人で「人間、そこまで若返るんだ！やっべー、人間、ホントにスゲェ!!」と歓喜の雄叫びを、やはり夜更けのデニーズで上げてしまった。

そんな女性のカラダの不思議な話をしみじみと思い出していたあたしに、その晩、しほがまた突然にこう切り出してきた。

「なんでさぁ、シミーズって大事なところから破れるんだろうね」

へっ★?! シミーズって、シュミーズ?? あ、どっちも同じか。思い返せば昭和の時代、大人のオンナの人が着ていた、今で言うキャミソールの丈が膝まである、ツルツルした薄肌色の生地でできたスリップのことだ。私が小学生だったとき、母がよく着ていたのを見ていたし、ひょっとしたら私も着たことがあったような気がする。たしか、胸のところを吊っている紐がブチッと切れてたなぁ……そんなことをぼんやりと思い出していたあたしに、しほが低い声でこう言った。

「うん。おばあちゃんのシミーズってさぁ、こう……」と、胸の先を丸く指でなぞりながら、「なぜか乳輪の形にそって、まーるく破れるんだよ。で、そこから片乳がぽろーんって出るんだよね」

「ハァ??」

乳輪に沿って破けたシミーズから片乳をポローンと出しているというおばあちゃんの姿を想像したあたしは、思わず笑ってしまった。

「アハハ、片乳、ぽろーんかぁ」

「そうそう。ねぇ、ドクター、ちょっと想像してみてよ。朝、ヘルパーで利用者さんのお部屋に行くと、昭和チックなピンク色かなんかの厚手のカーテンが下がってて、何だか部屋が薄暗いわけ。そこに、乳輪から破れたシミーズ一枚で片乳をぽろーんって出した九〇過ぎのおばあちゃんが、介護用ベッドに横になって寝てんのよ。片手に薄茶色の封筒を、力いっぱい、ぎゅうと握りしめながらね」

あたしはしほの言う光景を想像しようと、なぜか昭和期のカーテンにはよくついていたような毛糸のポンポンを思い浮かべながら、「うん」と答えた。

「で、朝だから、『○△×さーん、おはようございまーす』とかって声をかけるわけじゃん。するとその片乳ぽろーんって出したおばあちゃんが、こっちを血眼でギョロって目をひんむきながらさぁ。突然むくっと半身起き上がって、その薄茶色の封筒をこっちに突きつけて、今にも飛びかからんばかりにして怒鳴ってくるわけ。『この金は、誰のカネじゃぁぁぁぁ‼』って」

「ヘッ⁈　で、何のお金なわけ、それは」と訊ねるあたしに、しほは次のように答えてくれた。

「『はーい、それは○△×さんが昨日もらった生活保護のお金ですよー』とか、一応にこやかに答えるけどさぁ。そんな薄暗いなかで片乳ぽろーんって出して怒鳴ってるおばあちゃんの姿って、正直……ちょっとしたホラーだよね」

たしかに、それはちょっと怖いかも……。引きつり笑いをしながら、あたしはそこでちょっと考えた。

しほが勤めているNPO法人の所在地は、名古屋城のすぐ近く、かなりの豪邸や高層マンションがたくさんひしめき合って建っている高級住宅街だ。しほの家も由緒ある家系で、そのお蔵には『開運！　なんでも鑑定団』（テレビ東京）に出せば値段がつかないほどの伝家の宝刀がたくさんあったりするんだ、なんていう話を聞いたりもしていた。

　そんな町にも、生活保護をもらって、乳輪から破れたシミーズから片乳をポローンと出している姿の独居の高齢者がたくさんいる。公営住宅に住み、どこかしらの隙間から部屋に上がってくる野良猫を膝に抱き、その背中をなでながら、「ネコ……ネコ。きったないわね」などと日々つぶやいて、その野良猫の死に水をとるといった孤独な毎日を過ごし、そして亡くなられていくような方も少なくない。しかし、このような光景は、その方々の日々のお世話をするホームヘルパーさんしか見れない。

「今はね、人を見れば必ず噛みついてくる、クレーマーのおじいちゃんとケンカしてんの」と、しほはニコニコしながらあたしに言った。きっと、独り暮らしで寂しいのだろう。そのおじいさんは、何かあれば一日に何度でも、多いときには一五分おきに文句を言うためだけに電話をかけてくるという。

　ある日、そのおじいさんは、ホームヘルパーが訪問する時間の一時間も前から「まだ来ないのか！」と文句の電話をかけてきた。「あと一時間したら必ずヘルパーが行きますので、それまで申し訳ないですが待っていてください」としほが説明をしようとしているにもかかわらず、そのおじいさんは途中で電話を切ってしまったという。

文句は言うくせに、常にこちら側の話を最後まで聞かずに途中で電話を切るそのおじいさんに、その日のしほはかなり頭にきていた。ホームヘルパーに連絡をとって、「申し訳ないけど、すぐに行ってくれる?」と頼んだところ、予定よりも早い時間に訪問してもらえる約束をとりつけることができた。しほは日ごろのお返しとばかりに、そのおじいさんに電話をかけた。しかし、やはり話を聞くこともなく、おじいさんは電話を途中で切ってきた。

日頃の対応に対して腹に据えかねたしほは、その後、五分おきにそのおじいさんに電話をかけ続けた。「今からヘルパーさん、そっちに行くって」「ヘルパーさん、着いた?」「まだヘルパーさん着かない?」「今から五分でヘルパーさん着くから」「もう門の所までヘルパーさん来てるって」「ヘルパーさん着いた?」

事務所で働くしほ

と、ホームヘルパーからそのおじいさんの家に着いたという連絡が入るまで、しほはそのおじいさんに何度も何度も電話をかけ続けた。結局、しほの電話攻撃に根負けしたのだろうか、最後におじいさんはひと言、

「うるさい！」

と言って電話を切った。その言葉を聞いたしほは、「勝った☆」と思ったという。

「しっかしさぁ、そのおじいさんも幸せ者だねぇ。それだけ相手をしてもらえて。家族には、介護どころか連絡すらしてもらえないというのに。一人で寂しく暮らして、ヘルパーを派遣してくれるNPO法人に文句を言うことでしか一日の時間を潰せないんだもの。それなのに、無視されたり嫌がられたりすることもなく、だよ。家族じゃないけど、そんなに相手をしてもらえるなんて本当にいい法人だよ、しほのところは」

その言葉を聞いたしほは、「ほかにもね、たくさん面白い利用者さんがいるんだけど。いっしょに働いている職員さんやヘルパーさんがもっと面白いんだよ」と、新しく入社したヘルパーさんの話を、あふれてくる笑いをかみ殺しながら聞かせてくれた。

新しく入社したそのヘルパーさんを、しほの職場のスタッフは「もりもりさん」と呼んでいる。風体は、今話題の黒いクマのキャラクター「くまモン」にそっくりだという（とくに後ろ姿が）。その「もりもりさん」は、五〇歳を過ぎた元美容師で、オシャレに敏感らしい。同窓会が開催さ

れるというある日、五〇の春を迎えるためにもりもりさんは突然、会社にマツエクをしてきた。残念ながら、そのもりもりさんの老眼の瞳に春は訪れなかったらしい。

何でも、どこでもそうだが、記録を記入する書類の欄は狭い。そこに、老眼のもりもりさんが毎日のホームヘルプのサービスで利用者さんに行った記録を小さな文字で書き込むわけだが、その記録を見ると、毎日とんでもないことが起こっているらしい。しほはサービス管理責任者なので、そのもりもりさんの書いた記録を毎日チェックしている。その記録を読むたびに、毎日、笑いを堪《こら》えるのが大変だという。

ある日、もりもりさんは、九〇歳のおばあさんのお宅にホームヘルパーとして入った。朝、九時、この日はおばあさんの受診日だったので、お宅に到着したあとの二〇分間で、おばあさんに同行して病院に向かった（この同行支援は有償ボランティアなので、しほはその分のサービス提供の料金を計算する）。九時二〇分から受診（ここは医療保険なので計算外となる）。その後、おばあさんとともに二〇分かけて帰宅している（これも同行支援で有償ボランティアなので、サービス料金の精算をしなければならない）。

この次に書かれたもりもりさんの記録を見て、しほは驚いた。もりもりさんの記録には、

「一〇時二〇分から四〇分まで、口付」

と書かれていた。

……口付？　しかし、そのあとの記録にはまるで何事もなかったかのように、「処方箋を持って薬局に行き、薬の受けとり」と書かれていた。

口付、口づけ、って、くちづけ？　って、なんだそれ?!　九〇歳のおばあさんと女性のホームヘルパーのもりもりさんが、診察を終えて帰宅したあとに二〇分間もくちづけをしたのか？ずいぶん濃厚だなぁ……などと不審がりながら、しほはもりもりさんに「ここの『口付』って、何なの？」と訊ねた。

しほの言葉に驚いたもりもりさんは、「あっ！　『片付』でしたぁ♡　まちがえちゃった♡♡」と答えたらしい。

そんなお茶目なもりもりさんがある日、利用者さんのために料理をつくった。が、その記録を見ただけでは、おそらくそれは料理に入れてはいかんだろう……と思うものばかりが書類に、それもごく普通に書き込まれていたという。

もりもりさんの記録を見たしほは驚いた。その日の料理の材料の記録欄には、「バTT」と書かれていた。「バTTって何？」と訊ねるしほに、もりもりさんはとてもにこやかに「あっ！それ、バナナでしたぁ♡」と、少しも悪びれることなく答えたらしい。

「あるときなんてさぁ、もりもりさんがつくった料理に、『チワワとはんぺんの煮物』って書かれててさ、あれは驚いたね。もりもりさん、とうとう犬のチワワまで料理に入れちゃったのかー。

チワワ、かわいそうに、って思いながらもりもりさんに聞いたらさ、『あっ！　それ、チクワでーす♡』だって。

もちろん、もりもりさんは笑いを狙って記録を書いてるわけではなくて、天然で素のまんま書いているからホントに笑える。笑える記録を見つけては、スタッフで回覧してゲラゲラみんなで笑っちゃうんだけど、もりもりさんも気にしないでいっしょになってゲラゲラ笑ってるの。もう、職場のみんな、ホントに大好き！」

喜んで笑いながら仕事の話をしてくれるしほに、久しぶりに会えたというれしさと、夜中のハイテンションも手伝って、あたしはデニーズのベンチ席に倒れ込んで、片腹を痛くしながら大声で笑っていた。

「実はね、しほ。あなたが大学四年生で、卒業間近のあるときに『高齢者の介護の仕事に就くって言ってきたとき、あたしはとても心配したの。俗にいう介護の仕事って、4Kだと言われているでしょう？　キツイ、汚い、危険、そして、給料安い、って。そんな仕事に、いくら社会福祉系だとはいえ、四年制大学を出て二二歳になったばかりの女の子が就いていいのかな、って、あたしは思ったの。でも、あなたはあたしにこう言ったんだよね。

『理想ばっかじゃなく、現実見つめて、あたしはここに就職して介護の仕事をするって決めたから。長く勤められるように、あたしはここを選んだから』」

いつになく真剣にそう言い切った六年前のしほの表情を思い出した途端、しほと過ごした研究室での時間をふと思い出していた。大学四年生だった当時のしほは、関ジャニ∞の大ファンだった（丸ちゃんこと、丸山隆平くん担当だ）。

「一度きりの人生さ　悔いの無いように生きようよ　なんだって経験は　無駄にはならない♪」

しほが卒業論文を書こうとしていたちょうどそのときに発売されて、二人であたしの研究室で歌って踊った関ジャニ∞の『関風ファイティング』（二〇〇六年一二月、テイチクエンタテイメント）のフレーズをあたしは何となく思い出していた。たしかに、「夢見るチカラさえあれば、叶える勇気わいてくる」。気合いを入れて社会へと踏み出したしほは、就職を決めたときよりもずっと幸せそうに笑っていた。

「ねぇ、しほの話、あたし、本に書いてもいいかなぁ？」と訊ねるあたしに、しほは笑いながら、「いいよぉ。もうね、ペコロスの母なんかメじゃないってくらいに、面白い話がまだまだたっくさんあるよ」と答えた。(3)

「介護現場の面白い話かぁ。そういえば、あたしが研究してきたフィールドワークの現場には、

（3）　岡野雄一（二〇一二）『ペコロスの母に会いに行く』西日本新聞社。作者の岡野さんがお母さまの介護体験をマンガにされているのだが、一一一ページの「詫びる人」で私は大泣きした。とってもステキで、大好きな作品。

心から笑ったり泣いたり、本気で憎らしいと思ったりもした喜怒愛憎、今となってはすべてが愛おしい話がたくさんがあったんだよ。いくらでも、聞かせてあげられるよ」

そう答えたあたしの言葉に、しほはこう言った。

「ねぇ、ドクター。ドクターの頭んなかにあることがすべて、早く言葉になってしまえばいいのに。そして、一日も早くドクターの本が読めたらいいのに」

しほの言葉に、思わずうれし涙があふれ出た。空を見上げると、月がとても美しかった。

夜もだいぶ更けていた。あたしの車でしほを自宅まで送るために、二人で笑いながら名古屋駅前のコインパーキングまで並んで歩いた。

「あたしの『物語』を必ず本にしようね。そしたらまた、今日みたいにしほの利用者さんたちやスタッフさんたちの話を、あたしが死ぬときに聞かせてくれる？　あたしにはダンナも子どももいないから、あたしはきっと孤独死すると思うのね。だから、必ずあたしを看取りに来て、あたしを笑わせて、そのまま窒息死させてよ」

「まかせて！　ドクターを笑わせ続けて、あたしは絶対にドクターを死なせないから」と、しほはニコニコしながら答えてくれた。

第1章

ホームレスと福祉

――東京・山谷の「孤独死の看取り」

炊き出しに並ぶ山谷の人達（写真提供：NPO 法人友愛会）

1 火葬炉とマドレーヌ

二〇一四年四月二三日、父方の祖母が亡くなった。

その朝、七時二五分過ぎに家の電話が鳴った。何の気なしに出たところ、電話の向こうから父方の叔母である優子叔母さんの声が聞こえてきた。その電話で、祖母が亡くなったと告げられた。

祖母は、青森県にある有料老人ホームに入所していた。容態の悪化で病院に運ばれ、そのまま亡くなったということだった。祖母が死んだ。悲しみよりも先に頭をよぎったことは、「さて、カラダの不自由な父をどうやって青森まで運ぶか」であった。

父は、心臓にほとんど血が通っていないと医師に診断されていた。また、たまに失禁もするから、長い移動は我が家にとっては一大事となる。

斎場がある青森県の○△市は、東北新幹線開通のおかげで鉄道の駅がなくなったと母から聞かされていた。最寄りの新幹線の駅からは、本数のかぎられた高速バスだけが交通手段になっている。年老いた母と二人だけで、名古屋から新幹線を乗り継ぎ、そして長時間のバスに揺られてなど、今の父の状況では無理だ。飛行機に乗って、レンタカーを使って移動時間を最小限にしなくては……。ということは、私もいっしょに行かなくてはならない。車の運転ができるのは、私だけなんだから。

とりあえず、大学の事務へ休講することと教授会欠席の連絡をし、朝の一〇時になるのを待ってから、私は母と二人で旅行会社に出向いた。青森空港までの飛行機の搭乗券を購入して家に帰ると、告別式が終わるまで宿泊するためのホテルの予約をネットで行った。気がつくと、空は真っ暗になっていた。

その間、「悲しい」とは思わなかった。ただ、何も考えずに用事をすませていた。感情的になれば動けなくなるから、である。感情に蓋をして行動することに慣れていたのは、父が脳梗塞で倒れて以来、家族にいろんなことが起きていたからだ。情よりも、まずは家族として、親族として、しなくてはならないことが本当に多い。

その後、我に返ったのは、青森の斎場に到着した二五日である。電話越しに初七日の法事の席順を相談していた、優子叔母さんの声でだった。

「嶋守和子が、二人いるんですよ」

その言葉を聞いた私は、思わず笑ってしまった。そうなのだ。私の身内には、嶋守和子が二人いる。母と、父の兄、暁伯父さんの四番目の奥さんが「嶋守和子」なのだ。

数年前、その暁伯父さんが喉頭癌だと母から聞かされた。余命いくばくか、だということだった。亡くなる前に一度会わなければと、そのときも、取るものもとりあえず父母と青森まで急いだ。そこで紹介されたのが、母ではない、もう一人の「嶋守和子」伯母さんだった。今も高齢者施設の介護職員とホームヘルパーとして働いている、しゃきしゃきとした、しっかり者の伯母さんがもう一人の嶋守和子さんだった。

そのときに伯父の家で振る舞われた大間《おおま》のマグロに舌鼓を打ち、私は「大間のマグロなんて、生まれて初めて食べましたよー」と感激しながら母ではないほうの「嶋守和子」さんに言った。そう言いながら、母でないほうの「嶋守和子」伯母さんが親戚になったんだなと、私は理解した。

さて、祖母が暮らしていた町では、お通夜の前に火葬をするのが通例だった。だから、斎場に到着した次の日の朝までしか、祖母を囲んでいることはできない。斎場に到着したその夜が、祖母と囲める最後の酒席であった。

明らかに食べきれない鮨の盆とたくさんの惣菜、そしてお酒や飲み物が長い長いテーブルに所狭しと並べられていた。それを見た私は、前著の『せいしんしょうがいしゃの皆サマの、ステキすぎる毎日』のために訪れていた沖縄県の宮古島でのお盆の様子を思い出していた。あのときも、美味しいものをたくさんご馳走になり、長い長い酒席を囲ませていただいた。

しみじみと、宮古島で起きた出来事を思い出していたときだった。酔っ払った暁伯父さんが、思わぬ言葉をふいと口にした。

「さやかちゃんが本を出したあのときは、精神病院に入院していたんだー」

「…………」

私は絶句した。伯父がアルコール依存症――この原稿を書いている現在は「アルコール使用障害」と名称が変えられた――だ、ということは知っていた。喉頭癌で久々に顔を合わせたときも、暁伯父さんから「日本酒しか喉を通らない」と、アルコール使用障害の言い訳にしか聞こえない言明を聞かされてはいた。けれど、本の出版時期と入院時期が同じだったとは知らなかった。驚愕の事実を前にうなだれた私は、「せいしんしょうがいしゃの皆サマ」問題は、まさに親族の問題だったのね、と思った。

次の日のお昼過ぎ、斎場のバスに乗って、町はずれにある火葬場まで親族と近所の方々と向かった。読経のあと、祖母の身体は五つ並んだ火葬炉の一つへと入れられた。スイッチが職員によって入れられた。火葬される間、待合室にいた人たちにお茶を出したあと、私は母と二人で火葬炉の前に座って待った。

「あたしが教えていた大学院生さんの本家が愛知県の渥美半島のある町にあって、そこには火葬炉が三つしかないんだって。田舎だから、スイッチを職員さんじゃなくて親族が押すんだってさ」

私の言葉に母は、「それは凄いね」と静かに、驚いた声で言った。

しばらくすると、私と母の傍に嶋守和子伯母さんもやって来た。祖母がお骨になるまでの間、伯母さんは伯父さんのアルコール問題について話してくれた。つい先だっても、酔っ払っていて話にならない暁伯父さんを相手に新車購入をめぐって喧嘩をしたらしい。そのとき、ついに伯母さんは伯父さんに呆れて、「出ていって下さい」と言ったと、悲しそうに話してくれた。

「ああ、あたしも父によくそう言いますよ。で、伯父さんはそのとき、何て答えたんですか?」と、訊ねると、伯母さんは、

「考えときます、って」

と答えた。その言葉に、私と母は吹き出してしまった。

「やはり、伯父さんと父は兄弟ですね。父にも『出て行け』って言うと、『考えときます』って答えますよ。同じですね」と、私は答えた。

たわいのない話をしながら、祖母の身体を焼いている火葬炉から一つ向こうにある、二つ並んだ火葬炉へと何気なく目を向けた。手前側の火葬炉には、名字しか書かれていない名札が貼ってあった。不思議なことに、その奥にある火葬炉には名札自体が貼られていないのに、火葬炉が稼働していた。

祖母の火葬炉の前には、生前の写真と大きなミカンが三つ、そしてマドレーヌが並べられていた。しかし、名字しか書かれていない火葬炉と名札すら掲げられていない火葬炉の前には、写真すら置かれていなかった。

名字が書かれた火葬炉の扉が開き、焼かれた骨が別室へと運ばれていった。きっと、生前は体

中に癌が転移していたのだろう。遠く離れた場所からでも明らかに分かる。骨が「真っ黒だね」と言う私に、伯母さんは、

「燃やしてもね、悪かったところは黒くなって残るのよ」

と教えてくれた。

誰にも弔われず、骨すら拾ってくれる家族も身寄りもいないのだろう。拾われるはずの、別室に運ばれたその真っ黒い骨は、職員さんの手によって箒で桐の箱にざざざっと入れられた。それを見た伯母さんは、

「ここで働いている人も、公務員なんだよね」

と言った。「うん」と、私は曖昧に返事をした。

しばらくすると、今度は名札が貼られていなかった火葬炉からお骨が取り出された。同じように、別室にお骨が運ばれていった。驚きすぎて、我が目を疑った。お骨が、事務的に箒で段ボール箱へと流し込まれたのだ！　その瞬間を、家族でもない、ただ火葬場に居合わせただけの私と母と伯母の三人が、別室の扉の隙間から見てしまった。

「なぜ、その方のお骨は段ボールに入れるんですか？」

そう、本当は聞いてみたかった。けれど、できなかった。ただそのことを見ただけで、私は言葉を失っていた。伯母さんが、

「無縁さんだね、孤独死。そういう方、働いている施設にもたくさんいらっしゃるよ」

と、言った。私は、祖母が焼かれている火葬炉をそっと見た。薄暗いその部屋を照らすオレンジ色の灯りの光が、お供え物として置かれたマドレーヌを包む銀紙にテラテラと反射していた。

2 段ボールと桐の箱――いざ、山谷へ

真っ黒なお骨。それが無造作に入れられた桐と段ボールの箱。無縁、孤独死。人のお骨を入れる箱を、桐と段ボールに分けるものは、いったい何だろう?

常識的に考えられるのは、生前のその方に家族や身寄りがいるかどうか。あるいは、その方がお亡くなりになったときには身寄りがいなくても、社会福祉サービスを利用していて、ご本人が生活保護等を使っていたかどうかだろう。

祖母の葬式の一件まで、私は人の骨が段ボール箱に入れられるところなど見たこともなかったし、そんな現実があることも知らなかった。

私は、孤独死の現場の一つだと言われる東京の山谷地区で、この三年間にわたって研究を続けてきた。その間にも、ホームレス宿所提供施設の入所者さんが幾人も亡くなられていた。その

方々のお骨を引き取る家族がいらっしゃらなくても、お骨は桐の箱に入れられて施設に戻ってきていた。けれど、施設や生活保護等の制度やサービスを利用しなかった方が孤独死すれば段ボールになる……言葉が出ない。

東京の山谷地区といっても、この本を読んでくれている読者の皆さんにはあまり馴染みのない地域かもしれない。かつては、「闘争」や「暴動」あるいは「寄せ場」や「日雇い労働者の街」といったイメージで山谷地区は語られてきた。

山谷という地名は一九六六（昭和四一）年の住居表示制度の実施によって消滅したが、明治通りの泪橋交差点を中心とした台東区と荒川区にまたがっているエリアのことである。現在の行政区画では、台東区清川一・二丁目、東浅草二丁目、日本堤一・二丁目、橋場二丁目、荒川区南千住一〜三・五・七丁目がそれにあたる。

この地域の特徴は、日雇労働市場（寄せ場）と簡易宿泊所街（ドヤ街）が存在することである。江戸時代の後期、江戸への入り口として、奥州街道と日光街道に沿って木賃宿が立ち並ぶようになった。大正時代から昭和初期になると、職業紹介所や託児所、児童相談所、市営簡易宿泊所、授産所などが造られ、泪橋交差点を中心に人夫請負人から職を得ようとする労働者の数が次第に増えていった。山谷地区には二〇を超える業者が存在し、仲介業者により賃金の搾取が行われていた。

一九四五（昭和二〇）年の東京大空襲以後、東京都は、戦災で家や家族を失った人々や外地から引き揚げてきた人々を施設に強制収容しようとした。飽和状態になった施設の劣悪な環境ゆえ、収容されてもすぐに飛び出す者が後を絶たなかった。そこで都は、再建用の建築資材の払い下げを要望していた木賃宿街の旅館業者に無料で旧軍隊のテントやベッドを貸し付けて、「テント・ホテル」とした。こうしてテント村が誕生し、山谷簡易宿泊所街の出発点となった。

一九四八（昭和二三）年に上野公共職業安定所労働課玉姫分室（玉姫職安）が新設され、職業紹介や日雇失業保険などの業務を開始した。昭和三〇年代は空前のビル建設ラッシュとなり、土木・建築作業や港湾荷役作業の労働需要が高まった。一九五七（昭和三二）年頃にはヤミ労働市場が山谷に移動し、泪橋交差点を中心にした都電通り一体は都内随一の労働市場にふくれあがった。

昭和50年頃の泪橋交差点。右に写っている居酒屋が今はセブンイレブンとなっている（写真提供：公益財団法人 城北労働福祉センター）

一九六四（昭和三九）年に東京オリンピックが開催され、選手用宿泊施設、高速道路、新幹線等が次々と造られた。東北地方に住む農民の出稼ぎや集団就職、閉鎖された炭鉱から流れてきた坑夫などを吸収して、労働市場はどんどん大きくなった。その結果、山谷地区の宿泊所は単身男性者に単一化されていった。

しかし、昭和四〇年代半ばからニクソン・ショック、オイルショックを契機とした低成長時代に入り、失業対策が実施された。ところが、バブル崩壊により一転して山谷地区は就職難となった。手配師が減り、労働センターで職を求めること自体が熾烈な争いとなった。不況は多くの路上生活者を生み出し、現今のホームレス問題が社会問題化されるに至った。

そうした山谷で、私は二〇一一年から研究をしはじめた。その当時、台東区役所からいただいた資料によると、山谷地区には一六一軒の簡易宿泊所があった。その宿泊者の平均年齢は二〇〇九（平成二一）年時点で六三・二歳であり、高齢・単身世帯が六一・二パーセントを占めている。高齢化が進んだ山谷地区は社会福祉の町と様変わりした。(1)

昭和50年頃、職を求めて集まる労働者（写真提供：公益財団法人 城北労働福祉センター）

（1）　嶋守さやか・鈴木淳子「東京都山谷地域における看護ケアの現象学的考察」『桜花学園大学保育学部研究紀要』11、二〇一三年を参照。

3 山谷で研究をしていても……

初めて山谷地区で研究を行ったのは二〇一一年八月の一五日間という、とても短い間だった。山谷で研究をするきっかけとなったのは、二〇〇六年一一月から現在まで研究をしてきた障害者プロレス「ドッグレッグス」だった。

ドッグレッグスは、一九九一年に旗揚げした障害者プロレス団体である（**コラム2**参照）。私は、二〇〇六年四月の「15」という大会を初めて観戦し、障害者とガチで闘う北島行徳代表の試合にすぐさま魅せられた。その後、私はこの八年の間、ずっとドッグレッグスを研究し続けてきた。その障害者レスラーのトレーナーさんの紹介で、私は二〇一〇年九月に初めて山谷を訪れた。

ドッグレッグスや山谷にかぎらず、私はこれまでに数えきれないほどの社会福祉のサービス提供現場を視察して、研究を続けてきた。そこで常に考えていたのは、社会福祉のサービスを利用する利用者さんに、「資格という『武器』を持つことよりも前に、素手で、どこまで人として向

南千住駅から見た山谷地区

き合えるのかを、現場の実践から理解する」ということだった。そんな私の研究の動機は、私自身が生きてきた現実から生まれたものだった。

それは、私の父だった。父のことがあったから、私は山谷で行われている社会福祉の取り組み、そして「孤独死の看取り」の現場で行われていることについての社会的な意義を、曲がりなりにも考えることができた。

「孤独死の看取り」をテーマとした山谷での研究拠点としてお世話になったのは、「NPO法人友愛会」である。フィールドワーク期間中は、施設内にある食堂での調理のお手伝いやお掃除、施設周辺にあるドヤや系列施設へのお弁当の配達、訪問看護に同行して毎日を過ごした。毎日お会いしていた施設の利用者さんたちの姿に、私は自分の父親を重ねて見ていた。利用者さんたちの心身の状況や人生のお話を

「特定非営利活動法人友愛会」
2001年法人取得、理事長は吐師秀典氏。宿所提供事業、訪問看護・介護事業等を展開する。
住所：〒111-0022　東京都台東区清川2-16-3。
TEL：03-5603-2829。

聞くたび、父の心身の状況と切っても切り離せない病名や障がい名が耳に残った。父とは縁もゆかりもない利用者の方々のエピソードを耳にするたびに、父が私の家族にし尽くしてきた悪行を、どうしても私は思い起こしてしまっていた。

東京都内の大手企業の営業マンだった父は、バブル破綻で多額の借金を抱えた。私の大学受験の二か月前のことだった。父は破産寸前にまで追い込まれて、一か月ほどだったろうか、行方をくらまして失踪した。その後、職も住む家も準備したからと言って父が突然帰宅し、私の家族も名古屋に引っ越すことになった。

父に多額の借金があると分かったのは、大学院進学を決めていた大学三年生のことだ。早朝、私と父母は父の会社に呼び出された。幸運なことに、当時の父が勤めていた会社の社長さんが父の借金を全額返済すると申し出て下さった。その代わり、その金額を母と私で働いて会社に返すように、と言われた。そしてその直後、事情など何も知らなかった妹が一人でたまたま留守番をしていたとき、借金の取り立て屋が乗り込んできて、借家が差し押さえられた。妹は大声で泣いたが、私は泣くことすらも忘れた。

こんな日々のなかで、父は何回か転職を繰り返したが、自律神経失調症で入院したり、持病の糖尿病を悪化させて最初の脳梗塞を起こして倒れてしまった。当然、働くことができず、定年前から自宅で過ごし、母とお金のことで大喧嘩をするという毎日を過ごすことになった。

そんな日常が私の毎日の暮らしにあったせいなのだろうか。友愛会の利用者さんと父との違いは、家族がいるかどうかということだけのように私には思えた。その違いは、言葉にできないほどに大きなものだということは分かっていた。いくら毎日「出ていけ！」と家族が父に言い続けていても、現実として父は家から出ていってはいないのだから。

けれど、父が小遣い以上の額を母にせびる怒鳴り声と、小遣いがなくなるたびに大げさに父が漏らすため息を聞かされる何とも言えない毎日は、私にとっては今もとても恨めしく、非常に煩わしい。物心がついたころからずっとそうだったので、とくに何も感じもしないのだが、不在がちな父が母と喧嘩をしていない日など一日たりとも思い出せない。むしろ、借金だけならいい、というのが本音だ。

夫婦喧嘩のあとには必ず、母は父の過去の悪行を延々と並べ立て、私に愚痴を聞かせ続けてきた。辛酸なめ尽くす苦汁に満ちた母の結婚生活は、「不幸な女の人生のブルース」をダイジェストにまとめた「人生いろいろブルース」のように私には聞こえた。母は父に、私が「不良少女にならなかったのが不思議だ」と言っていたそうだが、当の私にとっては、今まで散々母に「離婚しろ」と言い続けてきたのに、そうしなかったことが摩訶不思議を通り越してまったくもって意味不明だった。

私の父は最低最悪の体たらくだ。友愛会で研究をしていた毎日では、そんな思いが強くなりこそすれ、どうしても拭えなかった。家族の情がない分、私は利用者さんに優しくできた。

――カゾクデサエ、ナカッタラ。父を見捨てることも、逆に優しくも、すぐにしてやれるのに。

この『孤独死の看取り』の研究をはじめたころ、二回目の脳梗塞で父が倒れていた。そのときの父は若く、まだ五七歳だった。二回目に父が倒れたことは、私にとってはそれほど驚くことではなかった。というより、驚けなかったのだ。それがかえって、私にはショックだった。

父の入院騒ぎが落ち着き、数日後に職場に戻ったときのことだった。

「お父さんが倒れたんだって？　僕の知り合いは六回も脳梗塞で倒れたよ」

すでに桜花学園大学を退任されているが、今でも私が尊敬してやまない北原龍二教授が、そう私に声をかけてきた。北原先生のお知り合いの方の境遇は、私の父のそれとは関係ない。けれど、「あと四回もこれがあるのね」と聞いた途端に私は思わず笑ってしまい、これからどうなるんだろうという不安が消え、妙に気が抜けてしまった。

最初に父が脳梗塞の発作で担ぎこまれ、ＩＣＵで気がついた瞬間、父は私に手を差し伸べてきた。家族ドラマのように私も動揺して、戸惑いながらも即座に父の手を握った。しかし、北原先生の言葉を聞いた私は、「もう、父が死ぬときも、絶対に手は握ってやらない」と固く心に誓った。

父に対する愛憎で実際に困ったのは、父の二回目の脳梗塞騒ぎ、そして退院してからである。今の病院制度では、急性期の三か月しか入院できない。転院の相談で出会った病院のソーシャルワーカーのやる気のなさと、人間性に不信感を抱いた。絶望のなか、一番親身になって対応してくれたのは父を担当していた看護師さんたちだった。看護師長さんに母が相談し、退院後の父の生活は安定した。

介護保険の申請をするために、医師の意見書をもらったときのことだ。私は、母と妹とともに父の診察に付き添うことになった。ひと通りの診察が終わり、お医者さんは父を診察室から退去させた。そして、私ら三人に、「何か気がかりなことはありますか?」と訊ねた。幸い、父は食事もトイレも自力で行う能力はあったので、介護の心配はまったくなかった。けれども、それだけでは父との生活が平穏無事に過ごせるとは到底思えなかった。なぜなら、後遺症で低下した父の知能に関連して起きた避けがたい問題があったからだ。

二回目の脳梗塞後の父は、今までにも増して怒りやすくなった。その日の診察で行われた知能検査で、父の知能指数が告げられた。言語性知能検査では一〇一と正常だったが、動作性知能検査では七八という、低くはないが黒に近いグレーな数値だった。「二つのことを一度にできない状況だ」と、お医者さんは説明した。

だから、父は怒ったら、怒りを抑制する機能が同時に働かないんだ……そう納得しながらも、私はお医者さんに次のように言った。

「でも、怒りだすと本当に止まらなくなるんです。いつも母や妹を怒鳴り散らして、いっしょに生きていくのに、どうしたらいいか分からないんです」

お医者さんの答えは、こうだった。

「出だすと止まらないというのは、普段、自分を律している。お父さんは自分を律して生活しているように見えます。この程度はいいだろう、ということにも妥協することができないんですよ」

すると、妹が静かにこう言った。普段は冷静すぎる妹だからこそ、それは衝撃的な言葉だった。

「憎しみがふくらんでいくのは、どうしたらいいのでしょうか?」

退院後に父の世話をしに来た妹は、感情的に怒鳴り散らす父の腕をつかみ、玄関から押し出して「出ていけ!」と叫び狂っていた。妹は温厚な美人だ。けれど、そのときの妹の様子ときたら、能舞台で美人面が一瞬にして般若に変身するというか、般若そのものだった。だからこそ、妹が哀れで不憫に思えた。

「たぶん、一番甘えられるのがお嬢さんなんでしょうね。理由はどうあれ、どう対応するかということですよね。聞いてあげる、あげないではなく、返事をその場でつくって、『分かったよ』と言う。黙らせようとしてもダメでしょうから。お父さんにかぎらず、真っすぐ向かっていくのはしんどいと思うんですよ。病気のせいで出ているんだと、あきらめるほかないですね」

お医者さんの言葉に私は、

ここであきらめられるのはお医者さんだからでしょう？　家族はこれからもずっと、これからも年老いていくしかない父と暮らしていくってんですよ。あきらめたら、試合っていうか家族生活なんて、すぐに終了ッスよ！

と、苦々しく思った。けれど、お医者さんの言葉だからこそ逆らえなかった。

こうした私自身の体験もあり、山谷での実習研究で「資格っていう『武器』を持たずに、素手でどこまで人として利用者さんに向き合えるかを知りたいし、試してみたい」と、研究で大変お世話になった友愛会の職員さんに告げていた。

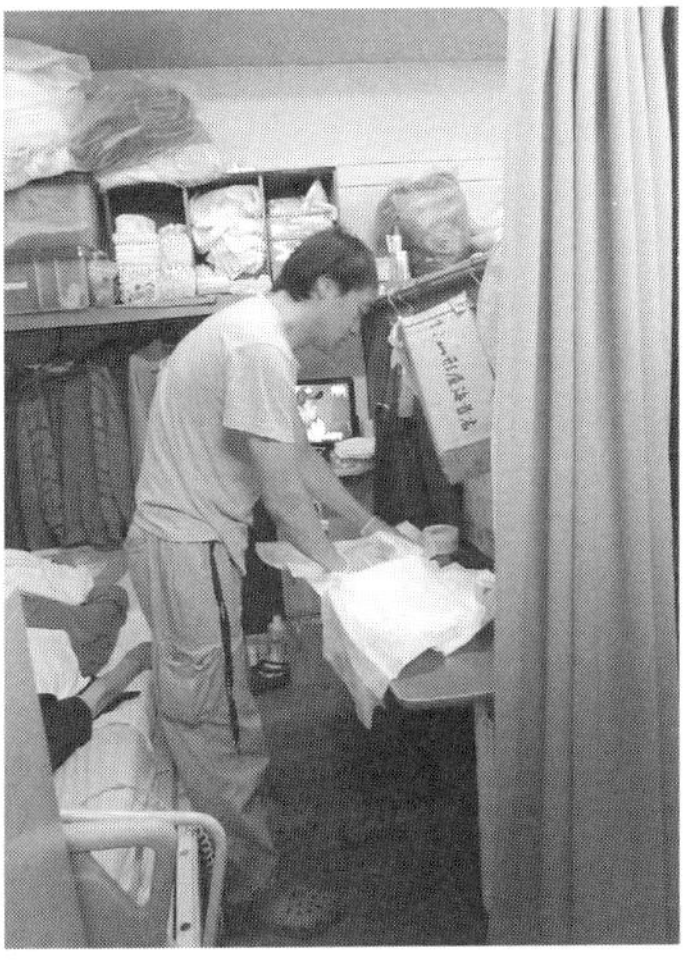

友愛会で働く田中さん

　社会福祉サービスを利用する父との生活では、社会福祉士や精神保健福祉士といった国家資格や肩書など何の役にも立たない。その取得のために必要な、専門的な知識や技術が役に立つことがあったとしても、である。

私には、大学で家族福祉や地域福祉といった授業を担当できるだけの専門知識は、十分ではないけれどある。ないのは、知識を実践的に使うための何か。自分自身の感情に振り回されて冷静さを失ってしまう父に対してだけでなく、どんな人にも動揺せずに人として向き合えるように、私はなりたい。

そんな意気込みで、私は山谷での実習研究をはじめた。私の事情や心情をくみ取り、友愛会の田中さんは、山谷で資格という「武器」を持っていたり、あるいはそれを持たずに、「素手で、人として利用者さんに向き合うこと」に淡々と取り組み続けている方々を紹介してくれた。

4 山谷という福祉の町——ドヤと介護保険と、孤独死の看取り

二〇一一年八月四日、山谷での研究をしていたある日のことだった。

「しまもりさん。今日は、うちの施設の利用者さんもお世話になっているドヤのおかみさんに、山谷の話をうかがいに行きましょう。『ホテル白根』っていうドヤなんですが、うちの施設の利用者さんも大変お世話になっています。山谷でいち早く介護保険を取り入れて、家族経営ではな

く、従業員を雇ってドヤを経営しているっていう先駆的なドヤなんですよ。

できる経営者っていう風情のおかみさんなんですが、下町育ちの人情家で、夜中にうちの施設の利用者さんがウンコをもらしても、かいがいしく世話をしてくれる。今や山谷が福祉の町になるずっと前から、お客さんの介護や看取りをずっとされてきたっていう方なので、とても面白い話が聴けると思います。

ただ、おかみさんはとても勉強熱心な方で、大学の公開講座とかいろいろなワークショップなんかに参加して、山谷の歴史をよく知ってらっしゃる。とにかく話好きな方で、話がとても長くなると思いますから、しまもりさん、覚悟してくださいね」

と、山谷での研究で関係者との連絡や調整役を請け負ってくれた田中さんが、そうのんびりと言った。細く入り組んだ山谷の小道は、まるで迷路だ。方向音痴の私はその道をくねくねと辿ることだけで精いっぱいだったが、「ホテル白根」に着く直前に田中さんは淡々とこう言った。

「おかみさんとも、よく話すんですよね。世話をしてしまう、この気持ちは何なんだろうって。要は、説明できないってことなんですよね」

私は田中さんの言葉を無言でメモした。「世話をしてしまう気持ちは、説明できない」とはいったいどういうことなのだろうと、ただ私はそう思った。

「ホテル白根」に到着すると、入り口のすぐ横にある事務所に通された。おかみさんは豊田弘子さんという名前だった。「おかみさん」という言葉ですぐに思い浮かべられるような女性のイメージよりはるかに華奢で、バリバリのキャリアウーマンというその出で立ちに、私は非常に驚いた。豊田さんの江戸っ子気質がそのまま表れたような早口にもまた、私は驚くばかりだった。

自己紹介をすませると、おかみさん（以下、豊田さんを「おかみさん」とする）は長台詞を話すかのように、山谷で起きた数々の歴史的な出来事――三河島事故、吉展ちゃん事件、小塚原、吉原、三社祭、彰義隊、山谷争議団事件……について、一気に三〇分以上語ってくれた。友愛会の田中さんがおかみさんのプロフィールを訊ねたときに、私はインタビュー開始とばかりにICレコーダーの録音スイッチを入れた。

「ホテル白根」住所：〒111－0022　東京都台東区清川２－37－２
TEL：03-3874-5383

山谷の移り変わりと、ホテル白根のこれまで

インタビューの冒頭、おかみさんは次のように自己紹介をした。

おかみさんは昭和三〇年代生まれで、五〇代に入ったばかりだということ。ホテル白根がドヤとして営業される前には、おかみさんのお父様が営む浅草のお汁粉屋さんだったこと。そして、一九八四（昭和五九）年に、現在建っている場所で「ホテル白根」の営業が開始されたということだった。

山谷の町が現在のような福祉の町へとどんどん様変わりしていった過程を、おかみさんは矢継早に語ってくれた。

おかみさん　バブルが弾けたころ、一般的に「働いている労働者」と呼ばれていた人たちが一斉にいなくなったんですね。このホテル白根でも、三五部屋あったうちの半分以上のお部屋が空いてしまったんです。組合の役員が経営している所でも、いよいよ部屋が空きだしました。福祉事務所と話し

ホテル白根の料金

合いをしたんでしょうね。一泊分の宿泊代で換算した場合、二二〇〇円までだったら生活保護費で出せるという名目で、この辺りの旅館が暗黙のうちに、生活保護の人を冷暖房完備の鉄骨の宿屋に泊めるようになったんです。

そこからだんだんとこの辺りの様子が変わりはじめて、以前は労働者が半分以上いたのだけれど……うちのお客さんも、そのころは平均年齢が六〇歳にも満たなかったです。最近は国勢調査をすると生年月日が分かるので、調査票に書かれた年齢を一つ一つ拾っていって全体数で割ってみると、平均年齢が七〇歳近いです。介護保険料を彼らも払っているので、介護保険を利用したい、または利用せざるを得ない人も出てきて、ヘルパーさんとか往診医療を受けるような滞在客が入ってきています。

たしかに、おかみさんの言うとおり、現在の山谷を歩けばたくさんの高齢者に出会う。私が山谷でフィールドワークをしていたときは、南千住駅から友愛会まで歩いて通った。その時間帯が午前中の早い時間だったため、コインランドリーを通り過ぎると洗濯石鹸の香りが漂い、想像していたより清潔な身なりをした高齢の男性たちがそこで賑やかに談笑していた。駅に向かって歩いてくるのは、見るからに家出をしてきたという若年層の男女だったり、外国人のバックパッカーだった。

山谷はかつて日雇い労働者の町だった。そう知っていても、にわかにそれが信じられるだけの風景が見られない時間帯が現在の山谷にはあった。様変わりした山谷の町で「ホテル白根」というドヤを営むおかみさんは続けてこう語った。

おかみさん　私の親がここの旅館をやっていて、先に父が亡くなり、母が昭和六二（一九八七）年に他界したのですが、その後を継いでこの仕事を続けています。両親の仕事ぶりを見ていたので、何となくコツが分かるし、いろんなやり方があるんですが、旅館によっては「介護保険を入れる人はもうダメ、お断り」と言って追い出してしまう所もあります。

　また別の旅館では、経営者の息子さんがアメリカに留学したときに、東京とか日本はビジネスホテル、シティーホテルはあるのに、もっと気楽に泊まれるホテ

現在の泪橋交差点。労働者に愛された居酒屋がセブンイレブンに変わった。

ルがないのが残念だ。じゃあ、自分の所でやろうということになり、浅草が近いから外国から来るバックパッカーを相手にしているホテルもありますよ。今から一五年くらい前からですね。そのようなホテルが生まれていく過程で、山谷が少しずつ変わってきました。
今、山谷の町は二極化しています。外人を狙っているバックパッカーのほかに、就職活動で東京に来ている学生が利用したり、一般客を泊める安いホテルがある一方で、私たちみたいにもともと労働者を泊めていた所が、特別養護老人ホームに入所する少し手前の、福祉施設のような旅館をしているんです。

こうした山谷の町の現在についておかみさんは、「本などを見ると、かつて日雇い労働者の町だった山谷が移り変わり、今や福祉の町になったと言われるようになってきています」と語った。

福祉の町としての山谷――現在のホテル白根の人付き合い

「今や、山谷は福祉の町になった」と言うおかみさん自身の実感から、現在の山谷でしばしば見かけられる精神疾患のある人たちについて次のように語ってくれた。

おかみさん　今の三〇歳くらいの引きこもりの人たち――精神疾患がある人たちですが、親と同居しているとと気まずいようです。心療内科などの病院に入っていたようですが、いよいよダメだと。本人が退院を強く望むのであれば、本来は保証人がつくのでしょうが、さまざまな事情でつけられない。生活保護を受けながら退院になったとき、とりあえずは泊まれるのは山谷の旅館だからということで、短期で入ってくる人もいます。保証金も敷金も、宿泊であればいりませんから。簡易宿泊所はそうしたシステムになっています。

うちでもお部屋は確保しているんだけど、入院している方について福祉事務所から、「退院してきたのですが、またすぐに別の病院に入らないといけないんですが、病院のベッドが満床なのです。すみませんが、一週間でいいので彼を泊めてやってほしい」と依頼され、病歴についてもある程度教えられることがあります。アル中、統合失調症、鬱、いろいろあって……それでも大丈夫ですか？　って。

私の両親の時代、昭和五〇年代から少し前までは、ほとんど介護に近いことまで私たちがやっていました。救急車を呼んだり、福祉事務所に電話して「来てください」と言ったり、必要に迫られて、宿屋の帳場でソーシャルワークの真似事をやっていました。私もそういう人たちを看てきたので、スタッフに負担がかからないのであれば、三～四日、一週間ならとお泊めしたこともありますよ。

おかみさんに山谷のドヤ事情をうかがうのと相前後して、私は山谷地域が管轄である台東区役所の職員さんから、ここの住民の現状について説明を受けていた。その職員さんが独自にデータ分析した調査結果によると、平成二一年度の台東区住所不定地区における保護開始ケースの方々の最終学歴は、五〇歳以上では中学卒業者が六二パーセント、四九歳以下では中卒者が減り、高校進学者が増えてはいるが中退者が多いという結果であった。

「今後、二〇年を見通すと、中卒~上京~日雇い、という流れでのホームレスは激減し、高校中退者のホームレスが増えていくと予測できる」

そして、その数少なくはない方々に知的障がい、精神障がいが見られると、私は職員さんより説明を受けていた。(2) 若年者のホームレスが山谷に暮らしていたという現実に、おかみさんは自ら営むドヤですでに向き合っていたことになる。(3)

インタビューの途中、おかみさんが麦茶を一口含んだ瞬間に、「おかみさんがホテル白根でお世話をした、一番若い人はおいくつですか?」と訊ねてみた。おかみさんは、「うちに、Mさんという四〇歳前の若い人がいるんだけど、その人が一番若い」と答えてくれた。「どんな経緯で、ここにいらっしゃったんですか?」とさらに訊ねると、おかみさんは次のように答えた。

おかみさん　本人がそれを話したがらないの。あまり、性格が社交的ではないから。だけど、三畳の部屋はきちんと使ってくれている。一応、毎日自炊もしているけれど、私たちとも少し距離があるから、フレンドリーではないのね。

社交的ではないお客さんが、ほかのお客さんとどのようにしてホテル白根で生活をともにしているのかについて、おかみさんはこう説明してくれた。

おかみさん　今のところ、「今日、お部屋のお掃除をしてもいいですか？」と声をかけてみたり、そのお客さんたちから質問をされたら答えています。社交的でないから、ほかのお客さんとの横のつながりがないのね。だからと言って、ほかのお客さんとトラブルを起こすこともないですよ。

人間関係をうまくやっているお客さんもいて、そういう人たちは長屋での付き合いのよう

（2）金子賢太郎「貧困の要因について―台東区住所不定地区保護開始ケースデータより」。二〇一二年八月八日、台東区役所保護課視察時配布資料。

（3）おかみさんによると、リーマンショック後、女性には公的なシェルター（緊急一時宿泊施設のこと）があっても男性にはなかったために、一時的に一～三か月間、男性がアパートを借りるまで一時的にホテル白根に滞在するように役所に言われて来たというお客さんもいたという。

に、もちつもたれつでやっています。そういう人たちは、社交的ではない人のことも気にしてくれていて、何かあると帳場のほうに、「〇×さん、調子悪そうだよ」とか言いに来るから、私たちスタッフが「気がつかなかった。どうしたの?」と様子を見に行くんです。こうなれば、社交的でないお客さんたちの状態を見たり聞いたりできるんだけど、そうじゃないと本人が我慢してしまって、体調を崩していてもギリギリまで分からなかったりすることもあるのね。一日一回、必ず声をかけたり、見回りをしていてもね。

なかには、そのような人が入院しちゃうと、親しくしている人が私よりも先に見舞いに行って、「大丈夫?」と言って荷物を持っていってあげたり、退院のときには迎えに行ったりといったことをしてくれる人もいます。その一方で、お客さんたちが共同で使う洗面所、トイレ、廊下で会っても、そっぽを向いてたり、具合が悪かろうが何だろうが関係ない、と言っている人もいますよ。

これが、世間で言うところの私たちの近所付き合いです。お互いに気が楽でいいのかもしれないけれど、自分が困ったときにお隣さんとの付き合いがないと困ってしまうので、お互いに手を差し伸べあってほしいですね。

面白いと思える光景もありますよ。ご新規さんが入ってきたとき、一五~二〇年という長い年月ここで暮らしている先輩に洗面所、トイレ、廊下などで会うと、「自分はここに越してきた○△です」と挨拶をしてとっかかりをつくり、つかず離れず、お互いの様子を見ながら付き合いはじめています。

「今日は暑いね」、「買い物に行ってきたの？　何買ってきたの？」とか言って付き合える人は、たぶん旅館をわたり歩いてきた人で、とても人付き合いが上手な人。もちろん、そうじゃない人もいます。ぶっきらぼうなご新規さんがいて、古くからいる常連さんが「入って三～四か月も経つのに、こっちが挨拶してもそっぽ向いていて……あれ何なの？」とか言うから、「本当?!　ごめんね」と私が謝りながらそのご新規さんに様子を聞いたりすると、耳が遠かったり、口下手だから人と話すのが苦手という人もいます。クレームをつけてきた常連さんに、「実は、○○さんはこういうことなのよねー」とか、「○○さんは耳が遠いらしいんだけど、朝はひと声かけてあげて」とか、「地方の出身で方言がきついから上手に話せないの」とか言ってお願いをしています。


東京の下町にあるドヤには、単身の男性が数多く暮らしている。けれど、「単身の男性」とひと言でくくることのできない事情がお客さんの数だけある。お客さん一人ひとりにおかみさんは毎日声をかけ、お客さん同士がお互いを気遣っている。

「単身」であっても、ドヤにはドヤのご近所付き合いがある。そんな人間同士の付き合いについて、おかみさんは優しく目を細めながら、「ここのお客さんと付き合っているとね。そのお客さんの最期が、家族ごっことなるときがあります。家族ごっこなんだけども、気持ちが通いあう瞬間があるんですよ」と、教えてくれた。

ホテル白根の日常業務と介護

「気持ちが通いあう瞬間がある」と言うおかみさんに出していただいた麦茶をすすりながら話を聞いていた私は、「基本的に、何をどこまで、どういう風にお客さんにするんですか?」と訊ねた。おかみさんも麦茶を一口すすって、次のように答えてくれた。

おかみさん　トイレと洗面所、お風呂場は共通だから、朝に必ず、そこの掃除をスタッフがやっています。お客さんが朝起きると、週に一回以上は部屋に掃除機をかけるのですが、そのときにお客さんの様子を聞いて、シーツとか枕カバーの交換をしながら、火災の原因になる卓上コンロなどを部屋に入れたりしていないかを確認しています。

お客さんが寝ていたら、「体調どうですか?」と訊いてみたりと、相手の様子を見ながら一般の主婦がしているようなことをスタッフとともにしています。イメージ的には、一か月単位でお金を入れてくれる賃貸マンションみたいなものだったり、日払いや週払いのアパートや旅館みたいなものですね。長期滞在で、「今日は部屋の掃除をしなくていい」と言われれば掃除をしないでおく。寝ていたければゆっくり休んでもらう。夜勤明けで帰ってくる人もいますから。

掃除するときには、お客さんが外出するときに「今日は、お部屋を掃除しますよ」と言って掃除をしておく。客室の清掃は、一週間でローテーションを組んでいて、部屋ごとに清掃曜日を決めて行っています。

一階の帳場の前には、コインランドリーと一〇円を入れれば五分間煮炊きができるコンロ、そして無料で使える電子レンジとオーブントースターを置いています。部屋で煮炊きをすると火災の原因になるので、決まった時間に決まった場所で煮炊きをしてもらっています。長期滞在して体調を整える湯治場と同じような設備です。

かつては、仕事から帰ってきたお客さんが、洗面所の水をジャバジャバ出しながら洗濯していましたよ。

ホテル白根の共同炊事場

昭和四七（一九七二）年ごろですか、コインランドリーがアメリカから入ってきたとき、この近くにもコインランドリー屋さんができました。そのころは労働者がたくさん泊まっていたのですが、夕方仕事から帰ってきて、「疲れた体でコインランドリーまで行くのはかったるいから、旅館にあったら楽なんだけどなぁ」とか「作業着は生地が厚いから、手洗いは苦労するよ。Gパンの手洗いと同じくらいにね。旅館にコインランドリーがあれば、洗濯している間に風呂にも入れるし、食事もとれるし……」っていうお客さんからの要望もあって、その空間をみなさんでつくって、旅館の中にコインランドリーを置くようになったんです。

昭和四〇年代の初めごろまでは、六畳くらいの広さの部屋の真ん中に通路があって、左右に寝台車のB寝台のような二段ベッドを置いた部屋でした。畳一枚のスペースに三〇〇円から五〇〇円で泊まっていたという時代です。テレビ室で、サッカーや野球を見て盛り上がっ

ホテル白根の共同風呂

ていたという生活のレベルでした。しかし、一般家庭にテレビが一台から二台、三台となり、一台しかなかったクーラーも二台、三台となったあたりから、部屋の質も改善要求が出てきました。

昔は板の間、今で言うところのフローリングの部屋に敷居も何もなく、そこで雑魚寝をしていたのです。そんな部屋を「タコ部屋」なんて呼んでいたようです。六〜一〇畳くらいの部屋に、みんなが一斉に寝ているような時代も戦前戦後にはあったと聞いています。朝起きると布団を各自が三つ折にして、プライバシーなどはもちろんありません。

そんな時代を経て、四〜六人部屋の二段ベッドが三つとか二つとかの「寝られるベッドハウス」と言われるスタイルになり、扇風機付きの四畳半の部屋が主流になると二段ベッドが不人気になりましたね。木造ゆえ建物の老朽化もあったから、そのうち鉄骨に建て替えて冷暖房完備になり、個室になって現在のスタイルになったわけです。

コンビニがこれだけ増えたので、買ってきたお弁当を部屋で温めて食べたりしているお客さんも多いです。生活保護をもらうのも振り込みになって、みなさんキャッシュカードをつくってコンビニで引き出したり、銀行に行ったりしている。私たちが普段やっていることと同じような生活ですし、なかには「自炊したほうがいい」と言って、帳場で許可している部屋に炊飯器を置いている人もいますよ。

ここで、おかみさんがひと息ついた。ホテル白根まで案内してくれた友愛会の田中さんは、このチャンスを逃すまいと、「では、しまもりさん。僕は施設に戻りますので。おかみさん、後はよろしくお願いします」と言って事務所に戻っていった。

なぜ、お客さんの面倒を見てしまうのか？

田中さんが立ち去ったあと、私は田中さんが口にした、「どうして、ここまでお客さんの面倒を見てしまうのか」という質問をおかみさんに投げ掛けることにした。この質問は、ドヤのおかみさんとして長年献身されてきた豊田さんに一番聞いてみたかったものである。
「実は、先ほどここに伺う前に田中さんが、『どうしてここまで、お客さんの面倒を見ちゃうのかしら？』って、おかみさんがいつもおっしゃっていると聞きました。今、話しても大丈夫な範囲で、ここまでお客さんの面倒を見た、という話を聞かせていただけますか？」
すると、おかみさんは、じっと考えて次のように答えてくれた。

おかみさん　昭和三〇年代後半から四〇年代にかけての高度成長期に、労働者が仕事にあぶれたときがありました。私が子どものころですが、一〇日、一か月と、部屋代をためてしまった人もいました。

母はそんなお客さんに、私たち家族が余らせたご飯を丼に入れて、おかずをのっけて半紙に包んでから新聞紙にくるんで、「交通費」と言って一〇〇円をわたしながら、「ごはん食べてね。明日は仕事あるだろうから、頑張りなさい」と言っていた光景を私はずっと見てきました。お客さんの具合が悪ければ、母はお粥をつくったりもしていました。

母が私によく言っていたことは、「彼らが泊まってくれて、あんたも学校給食が食べられたり、キレイなものが着れたりしているんだから、このおじさんたちには『ありがとう』という気持ちをもたなければいけない。儲けさせてもらった分は還元しなきゃならない」ということです。父も同じことをよく言っていました。だからうちでは、お正月になると三が日、お客さんにお雑煮を振る舞っていました。もともとうちは餅屋でしたから、お汁粉とかつくるのはお手のものでした。でも、「ほかの旅館はやっていないから、そういうことをやってもらうと困る」と苦情が来たり、「食品衛生法上、保健所を通していないからダメだ」と言われたときもありました。

こんな様子を見てきたから、それは血筋かもしれませんが、実際、具合の悪い人がいればスタッフもみんなお客さんの様子を見に行くし、救急車を呼んだりもします。

稀なことですが、救急車で運ばれたあと、帰って来られないからって迎えに行ったこともあります。ところが、そのお客さんはケガをしていて、包帯から血が滲んできちゃって、私の服にもついちゃって。二人とも血だらけだから、タクシーにもバスにも乗せてもらえなかったですね。

それ以外にも、本当だったら入院したっていいというお客さんなのに、病院で「もう治療が終わったから、連れて帰れ」って言われたこともありますよ。冬だから放っておくわけにもいかないので迎えに行って、一緒にフラフラしながら連れて帰ってきたこともあります。

ある日、部屋を開けたらお客さんが亡くなっていてビックリしたこともあります。本人は「入院したくない」と言っていたけど、「限界だから入院して」と言って、たまたま家族の連絡先が分かったので手紙や電話で場所を教えて、「行ってあげてください」と頼んだこともあります。

ドヤのおかみさんである豊田さんは、先代のおかみさんの献身的な姿を見て育った。おかみさんの献身的な姿勢そのもの、あるいはその最たるものが、ホテル白根のお客さんだった人々の「孤独死の看取り」だった。

ホテル白根の孤独死の看取り

ホテル白根のお客さんとの最期の別れ、とくにその別れが孤独死の看取りとなった経験について話しはじめたおかみさんの目は、涙でいっぱいになっていた。悲しそうな笑みを浮かべながらおかみさんは、ホテル白根での孤独死の看取りについてこう語ってくれた。

おかみさん　彼らが入院しているとき、定期的に見舞いに行っていたのですが、病気の痛みよりも、回復して喜んでくれる人がいない哀しみのほうが辛かったみたいです。喜んでくれる人がいないから、元気になって生きる意味って何なんだろう？　この地球上にたった一人になっちゃっているという孤立感がたまらない、と。

病室は四人部屋だったから、ほかの患者さんにはみんな訪ねてきてくれる人がいるんだけど、土日になっても自分には誰も訪ねてきてくれる人がいない。この寂しさは病気よりも辛い。早く死にたくなってしまうのが、土日だったと言います。私は月曜日とか火曜日の仕事の帰りに見舞いに行っていたのですが、「そんなこと言わないで、頑張って。お部屋も主が帰って来るのを待ってるよー」って言いながら握手をしたり、飲み物を飲ませてあげたりしていました。

そういうときはやはり胸が苦しくなるから、行きたくないなーとも思うけど、やっぱり気になるから行っちゃう。そんなのが何日もあった。それで泣かれるときもあったし、「帰って欲しくない」と言って手を離さない人もいました。

完全看護の総合病院と言えども、全然看病をしてくれなくて、ただ「点滴やってるからいいんだ」って言われて、入院していたお客さんの唇が渇いて割れているのを見たときは私も泣けました。売店で買ったリップクリームを塗ったり、買ってきた水を脱脂綿に浸して唇を濡らしてあげたりしたのですが、意識も反応もないから、もうお迎えが近いんだなぁと思ったときもあります。

それから数日後に亡くなったという連絡が来たとき、あれが私と彼との最後の儀式だったんだな、末期の水を飲ませたな、と思いました。

おかみさんは、そのお客さんがこれまでどのように生きてきて、亡くなっていったのかを愛おしげに語ってくれた。おかみさんの優しい口調は、まるでそのお客さんを知っている唯一の生き証人であるかのように誇り高く、愛情に満ちあふれたものだった。

おかみさん　その人は水道屋さんだったんです。八七歳で亡くなっています。戦後間もないころ、職人をいっぱい使って上水道完備の仕事をしていました。彼の話ですごいなーと思ったのが、戦後、男性しかいなかった衆議院に女性議員が入ってきて、女性用のトイレを造らなければいけなくなって、上水道を引いてほしいという依頼を受けたことです。「国会の女性トイレを造った職人の一人として名前がずっと載っているんだよ」という話をしてくれたので、「わー、すごいね」と言うと、「新潟の田中角栄のお膝元の町が上水道を引き込みたいから来てくれと言われた」って言うんです。その町の未熟な水道屋さんを使って、半年ほどかけてその彼が上水道を引いたんです。そのあと、「よくやった！」と宴会を開いてくれたみたいなんですけど、しゃがれた声で「いやー、どうもどうも」ってお酒を注いでくれたのが田中角栄だったと言っていました。

「すごいねー」と言うと、「でもね。人間には運、不運があって、不運を乗り切れるか乗り切れないかの違いなんだけど、自分は運がなかった」と言うんです。「どうして？」と訊くと、「出張で地方の上水道の工事をやっているとき、住んでいた家のお隣さんが火事になって、我が家も全部ダメになってしまった。道具や機材、みんな燃やされちゃった」って。借金を背負ってもう一回やったみたいですけど、「もう運気がなかった」と言っていました。

それで、家族が崩壊したようです。息子二人と娘には愛想を尽かされて、奥さんは気をもんで早くに亡くなってしまった。独り暮らしをしているうちに、貯金も底をついて生活保護を受けて、胃がんになって心臓のペースメーカーを入れて山谷に来た、と言っていました。もともと向島の出身なので山谷の仕事もやっていたから、このあたりの宿屋に来ようと思ってホテル白根に来たんだ、病気しながら、って言っていました。

「私はね」と、おかみさんは私にまっすぐに向き直り、私の目をじっと見つめて話を続けた。

おかみさん　私はね……お客さんの話を、こうしてずっと聞いてきたの。その彼の末期の水をとったというのも、そんな背景があるからかな。いろんな人の話を聞いていると、東京タワーや港区役所、有楽町のマリオンビル、ディズニーランドのシンデレラ城を造ったっていう人もいるし、東京駅の煉瓦補修をしたっていう人もいた。皇居の庭職人をしていたっていう人もいました。

最初から、みんながおじいちゃんだったわけではないし、生活保護を受けるお年寄りだったわけでもないんです。みんな元気で働いていた時代があって、年をとって、おじいちゃんになって、動けなくなったっていうことなのよね。

母がやっていたことだけれど、我が家には仏壇があり、毎年、お彼岸やお盆のときにはお寺さんに来てもらって、「ホテル白根由縁者一切」という言葉を使ってお経を上げてもらい、ご縁のあった方々を供養してもらっています。

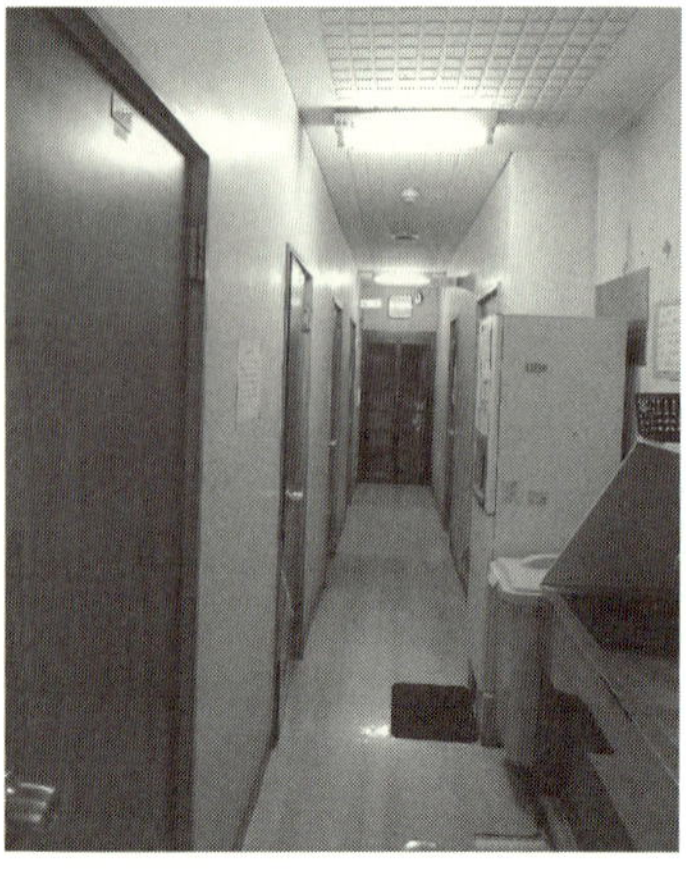

ホテル白根の館内

病院で亡くなられたり、事故で亡くなって役所からうちに連絡が来たとき、「その方と最後に、一番個人で縁があったのは白根のおかみさんだから、死亡埋葬人の書類に署名してください」と言われるのですが、最近は多くて一〇人くらいになりました。そういうとき、葬儀社がハンコを取りに来ます。私は葬儀社の所まで行くと辛くなるので、行かずに彼らがいた部屋にささやかな仏壇らしきものをつくって、水と花とお線香を供えてお弔いをして、さようならをしています。

将来、この仕事をたたむ前後か、還暦のころに、ここに泊まってくれて、おしゃべりをしていろんなことを教えてくれた人たちのことを文章にして、本として残してあげたいなと思っているの。

ホテル白根での「孤独死の看取り」について、このように語ってくれたおかみさんの微笑みはとても温かく、そして優しく、光輝いていた。

おかみさんの人生の転機

ホテル白根でたくさんのお客さんを看取ってきたおかみさん自身は、一体どんな人なのだろう。私はそれがとても知りたくなって、ホテル白根の仕事をいつからはじめたのかと訊ねた。すると、おかみさんは「三一歳のとき」と答えてくれた。「どんなきっかけがあったんですか？」と訊ねると、おかみさんは懐かしそうな顔をして答えてくれた。

おかみさん　二〇歳で英語の専門学校を出て、東京タワーのすぐ近くにあるホテルの電話交換手になって、二年間働きました。その時分は夜勤を五日に一回やっていたんですが、自分の英語力が伸びないと思い、レベルアップのために外資系の会社をいろいろ受けたんですが、私のような中途半端な英語力ではみなノーサンキュー。「フランス語やドイツ語が話せなきゃダメ」と言われてへこたれて、その後の八年間はある化粧品会社の本社で電話交換手をしていました。そのころからですね、何かについて調べることが好きになったのは。愛用者からの問い合わせや、社内でちょっとした情報を教えてくださいとお願いされたら、何についても調べ上げて、すかさず答えるようにしていました。

入社して七年目が過ぎたころに人事異動があって、経理部に移りました。そのときにちょうど母の具合が悪くなって、家業を手伝ってほしいと言われたんです。これまで私は、「三〇歳までは自由にさせて。三〇歳まで他人の釜の飯を食べたら、家業でも何でもやるから」と言っていたのですが、本当にそうなってしまったんです。

ＯＬを辞める前に、夜間の簿記学校に一年間通い、私より若い男性を先生と呼びながら勉強をして、日商簿記の検定を取りました。OLの仕事と家業という二足のわらじをはいて仕事を続けたのですが、母親が亡くなっていよいよ事業主になったわけです。一年間ですが経理の仕事をしたことが実務経験になり、本当に助かりました。そのとき、三一歳でした。

最初の一〇年間は本当に不安で、「自分にできるんだろうか?」とばかり思い、辛かったですね。枕をどれだけ涙で濡らしたか分からないぐらいです。この仕事というのは、消防署、保健所、税務署、市役所、東京都総務庁とつながりがあって、いろんな所から書類が送られてきたり連絡が入ってくるんです。見たことがない書類が来るたびに頭は舞い上がるし、手探りで全部聞きながらやってきました。

労働保険、年金のこと、賃金のこと……私が拙い事業主だったときに立派な公認会計士と社会保険の先生に出会ったのです。この二人の先生が私のシンクタンク。相談相手になってくれて、経験を積んでどうにか乗り切れたわけです。その先生も天寿を全うされたのですが、私の仕事における一つの時代が終わったと思って号泣しました。

おかみさんの経歴をうかがっていて、社会福祉に関係する資格の名称が一つも出てこなかったことに、私は驚いていた。おかみさんはお客さんに対して、「素手で」どこまでも一人の人間としてお客さんに向き合っていたのだ。

家族経営からワークシェアリングするドヤへ

現在、介護保険を利用しながら、おかみさんは山谷でドヤの経営をしている。ドヤの経営方法について、おかみさんにうかがうことにした。

おかみさん　私も両親も、経営を家族労働的にやっていたからそれはそれでいいんだけれど、スタッフとして他人を入れて働くことにしたときに、家族経営の方式ではまずいと思いました。それで、シフトをつくって、家族以外の従業員とワークシェアリングをすることで週休二日制を徹底させ、順番に休みをとるという今のスタイルにしました。もちろん、二四時間、帳場は開いています。

ほかのドヤはみんな、一人もしくは夫婦二人で運営しており、それぞれ二〇～三〇人の宿泊者を抱えています。その人たちは、当然のごとく自分の生活リズムがなくなっちゃう。だから、泊まっているお客さん、それこそ介護保険を必要とするような世話の焼ける人はイヤだ、となっちゃう。

仮に、私たち夫婦が旅行に行くようなときは、自分の給料から捻出してパートさんなりお手伝いさんに来てもらって出掛けることもあります。経営者が現場にいない、管理人や支配人にすべてお任せしている、経営者はそろばん勘定で経営をしている。それが良いとか悪いとかではなくて、それが現実だという話です。利益を出すことも大切なので。

ＯＬを一〇年やって宮使いの立場を経験しているから、この仕事をもったときは、やっぱりちょっとイヤだなと思いましたよ。親の苦労も見て来ていましたから……そこが一番ネックでした。

私もスタッフも、給料はそんなに高くはないんですけど、ワークシェアリングをして休みをとって、「オン」と「オフ」をはっきりさせています。介護が必要な人を一人で全部見ていたら、本当に潰れてしまいますよ。親の面倒を見ているのといっしょだけれども、交代で、みんなで見ているのです。連絡ノートを見て、引き継ぎをきっちりしています。

ホテル白根っていう旅館には、私のシンクタンクである主人、義兄、スタッフ二名がいてくれて、みんながいっしょに支えてくれるから、毎日、自分のペースを守りながら働くことができているの。

こう話すおかみさんは嬉しそうに後ろを振り返り、インタビューの間、帳場に立っていた優しそうな旦那さんを愛おしげに見つめた。それにしても、このご主人もすごい。おかみさんが話している間、いっさい割り込んでくることがなかった。相づちを打つがごとく和やかにうなずきながら、私たちのすぐ横に座っていた。

お世話もサービスも十人十色

ホテル白根を支えるスタッフの力を借りて、自分の親の面倒を見るのと同じようにお客さんの面倒を見るおかみさんの仕事は、本当に責任が重いと思わざるを得ない。それは、ホテル白根でともに生活する仲間として、お客さんに生きていて欲しいという願いが随所に込められた仕事であるからだろう。おかみさんは言った。

おかみさん　私たちのサービスを望んでくれている人たちがいるんだ。いてくれるんだったら、そういう人たちを待って、自分ができるかぎりの仕事をしていればいいんだと思ったんです。そうしたら、やってみたいなと考えられたので、生活保護や介護保険の人を迎えるようにしたんです。そのほうが経営も楽になるし、彼らも一日の生活が社会福祉のサービスでうまく回るんだったら、お客さんにとっても社会福祉のサービスに入ってもらったほうがいいんじゃないかなと思ったんです。

事業主という立場上、福祉事務所とかソーシャルワーカー、ケースワーカー、介護ステーションなどへの連絡は私がすることが多いんですが、一応スタッフの皆さんにも話をして、分かってもらっています。こんなスタイルでやっているから、担当の福祉事務所の人は、「ホテル白根に泊まれなくなったら、もう行く所ないよ」ってお客さんに言っているようです。

うちもギリギリまではお世話をしてあげたいし、彼らがもし自分の親だったら、どんなことが自分の一〇本の指を使って、自分の能力でできるかな、と考えています。私は医者や看護師じゃないから病名は付けられないけれども、熱があれば「救急車呼ぼうか」とか「頭冷やしたほうがいいよ」、「冷たいこれ、飲んだほうがいいよ」とか言ったり、「やっぱり病院に行ったほうがいいかもね」とか言って、一人では何をしていいか分からないお客さんに、インターネットで調べたりして知り得た情報を提供しています。

でも、それは家族だったらする、くらいのことしかしないのね。どうしても食べられないっていうときには、「こういうのがあるよ」って言って、ウィーダーインゼリーを一つはサービスであげています。甘えとわがままは違うから、「それ以後は自分で買って来てね。買いに行けないなら、代わりに買ってきてあげるけどお代はいただくよ」とも言っています。

救急車を呼ぶことになれば、救急車が到着するまでの間に、患者さんの血圧や脈を測っておきます。意識があるかどうかを確認して、日ごろ通院している病院、薬、診察券、ホテル白根の住所、担当のケースワーカーをメモしておいて、それを救急隊にわたしています。

この旅館をやっていて、キツイし汚いし、よく言われている３Ｋの仕事に類しているなーと思っています。そんな仕事を毎日やりながら、負担の大きさでストレスになり、それこそ胃に穴が開いてしまうかもしれないな、とも思っていますよ。

でも、キレイにしてあげれば喜んでおトイレを使ってくれるし、自分がそれをやることによって、私なりの社会貢献をしているのかなって。奉仕ということを、自分にどれだけできるのかを挑戦しているような気もしますね。

ただ、私がそう思っていても、ここで生活して、お金を払って泊まっている人たちから「そんなサービスは不用だよ」と言われるときもありますから、ケース・バイ・ケースの対応が必要ですね。つまり、十人十色ということです。平等にお金を払っているお客さんだから。お客さんに、心地よく泊まってもらうことが一番です。

ここまで語ったあと、おかみさんがふと「何かほかに知りたいことある?」と私に訊ねてきた。「旅館の中を見せてください」とお願いすると、おかみさんはホテル白根の屋上に案内してくれた。

ホテル白根の、これから

案内されたホテル白根の屋上から周りを見回すと、たくさんのドヤのなかにホスピスや老人ホーム、そして、少し離れた向こうには建築中のスカイツリーが見えた。「山谷住民として、スカイツリーができて、どう感じていますか?」と訊ねると、笑いながら答えてくれた。

おかみさん　個人的には、東京タワーができたときはすごく自慢だった。そのころは、ここからでも東京タワーがかすかに見えたんですよ。今はもう見えないけれどね。東京タワーのペンキを塗り替えたおじさんも、ここに泊まっていたんです。

今は、スカイツリーも「ゼネコン」と言われている会社の職人とロボットで造ってしまうから、労働者の人数が少ない。お客さんもみんな現役だったから、このあたりのマンションやゼネコン関係みたいな仕事もやっていたので、昔話をしたりしています。ここに住んでいるおじさんたちは、スカイツリーができたことに対して喜んでいるとは聞かないですね。ただ、「できたねー」と話すくらい。

生活保護をもらっているここのおじさんたちは、無料となっている都電、都バス、都営地下鉄を上手に乗り継いで、フジテレビの見学に行ったり、展示会場に行ったり、ビックサイトに行って無料の戦利品をたくさんもらって来てくれたり、動物園や国立博物館に行っています。

しかし、八月の隅田川の花火大会のとき

ホテル白根の屋上で話してくれたおかみさん

は、「開放するので屋上で花火をどうぞ」と言っても、みんなテレビで花火を見ていますよ（笑）。それに、隅田川の花火は歩きながら見ないといけないので、みんな年齢的に難しいんでしょうね。

ここに泊まっているお客さんたちが文化的・娯楽的に何を楽しんでいるのかというと、やはりギャンブル。競艇、競輪、競馬、パチンコ、そして心のお友達のお酒が趣味。お客さんの部屋に行くと、TSUTAYAでDVDを借りて見ていたりしています。テレビは若い子向けの番組しかないしね。

昭和五〇年代、テレビ室でみんなでテレビを見ていたとき、お金に困った誰か――外部からの侵入者かもしれないけれど、早朝にカラーテレビを質屋さんに持っていってしまった人がいました。夕方四時、相撲を見るころになって、「テレビがないから見れないよ」とお客さんから言われて初めて気づいたんです。そんな悪党もいたんですね。でも、今は一人に一台テレビがあるし、薄型テレビを質屋に持っていかれたら困るけど、今のところそれはないかな。やっぱり、みんな友達だから変な人はいない。

個人的に、私はホテル白根の屋上から隅田川の花火大会を観たいと思っている。花火の光が、この山谷の町をどのように照らすのか、それを見てみたい。

孤独に生きている人たちの傍らで

「お客さんはみんな友達で変な人はいない」と語ったおかみさんは、ホテル白根の屋上を案内しながら、「先生、見て！」と言ってプレハブ小屋を指差した。そのおかみさんの表情は、少し得意げに見えた。その小屋で、ある一人のお客さんが自立して暮らすことを心待ちにしているおかみさんの心意気が私に伝わってきたのかもしれない。その心意気を、おかみさんは次のように語った。

おかみさん　今、覚せい剤をやめて刑務所に入っている人のお金の管理をしているの。うちに来て八年ぐらいなんだけど、福祉サービスを受けながら仕事もしたいと言い出し、慣れていた日雇いの建設の仕事を辞めて、立ちんぼの手配師が仕事を紹介してくれたので引き受けたんだけど、それが盗品の運び屋だったの。それが見つかって、今、彼は拘置所にいるの。昔、結構やんちゃをしていたとも言っていたけど、その彼と文通をしているの。

手紙に、「もし戻って来れたら、うちで土日、トイレ掃除のアルバイトをする?」と書いたら、「少しでも仕事ができれば、自分は全うな人生を生きたいと思っているので、ステップアップする段階でありがたい」という返事とともに、「また帰ってきてもいいんですか?」と訊いてきたので、「もし部屋が空いてなかったら、屋上のプレハブを整理しておくから、そこに泊めてあげる。部屋が空いたら、あなたの部屋を提供するし、スタッフ補佐ということで仕事を空けておくから。その代わりに、必ず帰ってくるのよ。自分がどれだけ全うに生きられるかは、自分の情熱次第だから」って返事をしたの。

彼の人生にもいろいろなことがあり、失敗をしたこともあった。今はそれなりの年齢になり、ここに来たらとても穏やかで、とても心地よく、当館に住みついた猫の世話をしながら、自分が本当に癒されてきたと思えるようになったみたい。「ようやくそういう時期が来たのだから、もう戻って覚せい剤をしたらダメ」と言い、いくつかの病気をもっている彼に、「病気とうまく付き合えば仕事もやっていけるし、生活保護をもらいながら仕事もすれば、地に足がついた生活が送れるよ」と言ったんです。

それは、保護ありき、と生活保護だけを頼りに生きていくっていう生活ではなく、健康状態を見ながら働けるだけの収入を得て、足らない分を生活保護に頼って暮らすっていうこと。働いた収入は役所に申告し、その収入から差し引いた分が一か月分の生活費として支給される。決して、今問題になっている不正受給ではないんです。体力、経済力が充実すれば保護から卒業して、自立できるということなのです。

直感的に、その彼は悪い人ではないと思うの。彼が一人立ちできて、幸せを本当に噛みしめることができたとしたら、私も少しは役に立つ人間と思えるし……。

今、私は五四歳（取材時）なのね。五〇代になったとき、自分は人生の後半戦で、あと現役で働けるのは一〇年かな？　と思ったの。たしかに、生活の基本である生業は大事。でも、ただの生活しのぎだけだって考えたらキツイな、ツライなと思うの。同じキツイ仕事でも、それをやり遂げるために、どういう風に気持ちをもっていったらいいのかなーと考えたりしているの。

ホテル白根のお客さんが三五人いて、三五人全員を幸せで満ち足りた思いにはしてあげられないけれど、そういう気持ちに少しでも近づいてくれることができたら、こういう仕事をやっていいてこのうえない喜びになる。そういうことに挑戦してみたいという自分もいるし、いかに、どこまで自分がそういう風に慈愛をもってやれるのか……言ってみれば、それが私の天職というか課題だと思っているの。

ふと時計を見ると、一六時を回っていた。一六時過ぎから、友愛会が運営する宿所提供施設に私はお弁当を運ぶ手伝いをすることになっていた。おかみさんに丁寧にお礼を告げて、ホテル白根を後にしようとしたとき、おかみさんが、「先生は、まだ実際に山谷を歩いていないでしょ？明後日、私は仕事が休みだからいっしょに山谷を歩いてみましょう。私が案内しますから」と、言ってくれた。とても嬉しかった私は、おかみさんと明後日の約束をして友愛会に戻った。

「しまもりさん、今までおかみさんの話を聴いてたんですか？　長かったですねー。三河島事故からおかみさんが話しはじめちゃったときには、どうしようかと思いましたよ。いつ、話がはじまるんだ？　と思って。で、どうでした？」

　友愛会の事務所で出迎えてくれた田中さんは、私にこう言った。

「とても面白かったですよ。いろいろとうかがいました。おかみさんは以前に参加したワークショップで、前世は修道女だったと言われたそうです。だから、自分はこんなにお客さんの世話をついしてしまうんだろうって仰っていました。でも……」

　不思議そうな顔で私の顔を見つめた田中さんに、私はこう言った。

「でも、やっぱり分かりませんでした。なぜ、人の世話をしてしまうのか、ってことについては。世話を焼いたり、人を助けるのに理由なんてないんですね。ただ、目の前にその人が運命的に現れて、自分にはその人の世話ができるから世話をしている。もしかしたら、前世のどこかで何かのご縁があったのかもしれないけれど、って。本当に、田中さんにうかがっていたとおりでした」

ホテル白根の玄関でのおかみさん

しかし、おかみさんはこうも言っていた。

――これまでのように、明日もできるかしら？　もう頑張れないかもしれない。でも、明日もまだ続けてみよう。必要としてくれるお客さまがいらっしゃるのだから、諦めないで頑張ってみよう。毎日そう思い続けて、気づいたら今になっていただけだ、と。

「人は一人では死ねない。お世話になって、死ぬのが常。お世話にならなきゃ死ねないよ」

ホテル白根で孤独なお客さんが亡くなるまで面倒を見るおかみさんは、こんな言葉をインタビューで口にしていた。それは、「死ぬということは、それまで生きるということ」。身寄りがなく孤独であっても、お客さんが生きていくかぎり、そのお客さんの傍には、かいがいしくお世話をするおかみさんやホテル白根のスタッフがいる。その献身的な姿に、そしてお客さんを一人ひとりの人間として尊重しているという事実に、私はとても胸を熱くした。

5　二〇二〇年――東京オリンピックと山谷

「ホテル白根」のおかみさんを務める豊田さんにインタビューをしたあとも、私はそのときに指導していた看護師の院生さんに協力してもらって、山谷でのフィールドワークを続けた。

山谷地区に居住していなければ、そこで提供される支援やケアは、「地域としてのオリジナリティーも、そこに住む人たちのオリジナリティーも高い」と考えてしまいがちである。私自身の体感としても、山谷は独自の場所なんだということがある。山谷での研究で知り合い、今もなお親交を深めている人のなかに、ある大きなヤクザ組織の元幹部とその奥さまがいる。

友愛会でのフィールドワークで知り合ったこの二人が結婚したことで、私が抱いていた山谷のイメージは大きく変化した。そのご夫婦のダンナさんは、六〇代半ばでの結婚となる。山谷で暮らす人の多くは、孤独に生涯を終えるものだと思い込んでいたわけだが、さまざまな問題を抱え続けながら送る二人の新生活に、かけがえのない幸せがあることを見せつけてくれた。こんなこともあり、私にとっての山谷は、とても魅力的なものになっている。

山谷には、山谷なりの医療や社会福祉サービスがあり、住民には住民それぞれの暮らしや生活がある。けれど、懸念となる

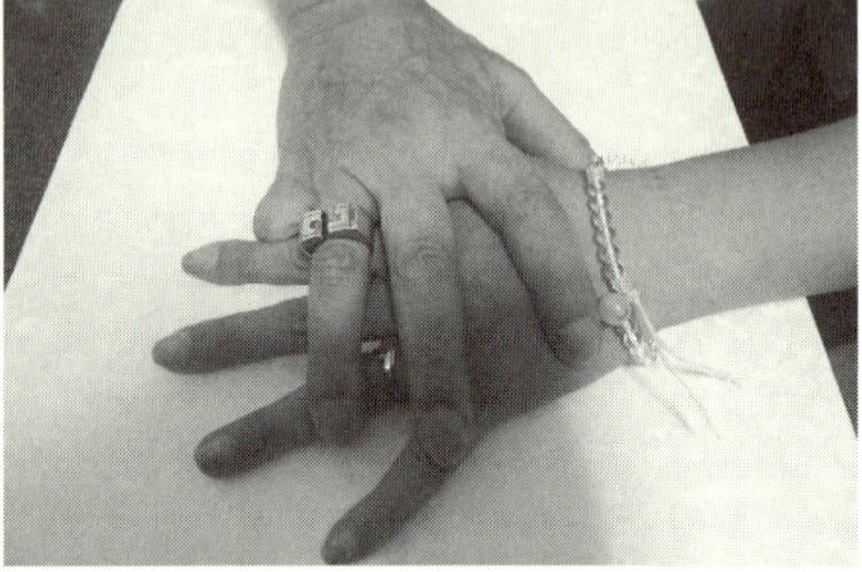

元幹部とその奥さんの手

こともある。それは、二〇二〇年に開催される東京オリンピックだ。メディアはしきりに、東京大改造計画について喧伝している。

二〇一四年一〇月七日発行の『ニューズウィーク日本版』の表紙に、「進化し続ける都市ＴＯＫＹＯ　五輪や阿部ノミクスで加速する再開発――近未来と伝統が融合する東京と日本の未来像」と書かれているのを見て、思わず買ってしまった。

その特集記事には、「目指すのは、世界中から人とカネが集まるグローバル都市。さらに市民がスポーツや芸術に親しめる、災害に強い、バリアフリー、環境に優しいといった条件」を備えた、「経済成長と効率性を優先して町をコンクリートで固めた二〇世紀型の都市開発とは一線を画す、新たな次元の未来都市」と書かれている。そこでは、防災対策や交通網の整備が五輪を理由に押し通されて、「東京の改造が一気に進む」とされていた。

東京大改造――「激変する東京の注目エリア」というページを見ると、こう書かれていた。

「都内には狭い路地を挟んで古い家屋が立ち並ぶ木造住宅密集地域が数多くあり、大地震の際に延焼の原因となりやすい。東京都と区は道路幅の拡張や、耐火性能の高い住宅への建て替え支援に積極的に取り組んでいる」

「狭い路地を挟んで古い家屋が立ち並ぶ木造住宅密集地域」という文字で、思わず私は山谷地区のことを連想してしまっていた。山谷は、私にとってはたったの二週間しか参与観察できなかったフィールドワーク先である。そのため、私は最初から最後まで山谷の「お客さん」だった。研究という名目だけでは、山谷で働き、生活する方々の実態やその風景すら、それを正しく言葉にすることもできない。

しかし、思うのだ。山谷で暮らす方々、そしてホテル白根のお客さんたちが、かつての東京をつくりあげたという事実。また、そのお客さんの最期を看取り、送り出す営みを私に語ったホテル白根のおかみさんの笑顔。山谷の医療・社会福祉サービスの利用者さんたちが、スタッフに時折見せていた一瞬の感謝の表情。私が山谷の部外者であったからこそ見えた、一つ一つの山谷の情景はとても美しかった、と。

オリンピック開催と東京大改造で、古くから受け継がれてきた建物や街並みはどこまで守られながら変わっていくのだろう。変わりゆく時代のなかで、山谷の歴史、そして山谷での孤独死の看取りの営みはどうなっていくのだろうか。

山谷で、数多くの孤独死が看取られ、そしてこれからも山谷で生きる人たちがいる。その事実だけは、今もなお厳然とそこにある。そう願って、私はやまない。

第2章

かるたと福祉
――障害者就労継続支援B型事業所ハーモニーと幻聴妄想かるた

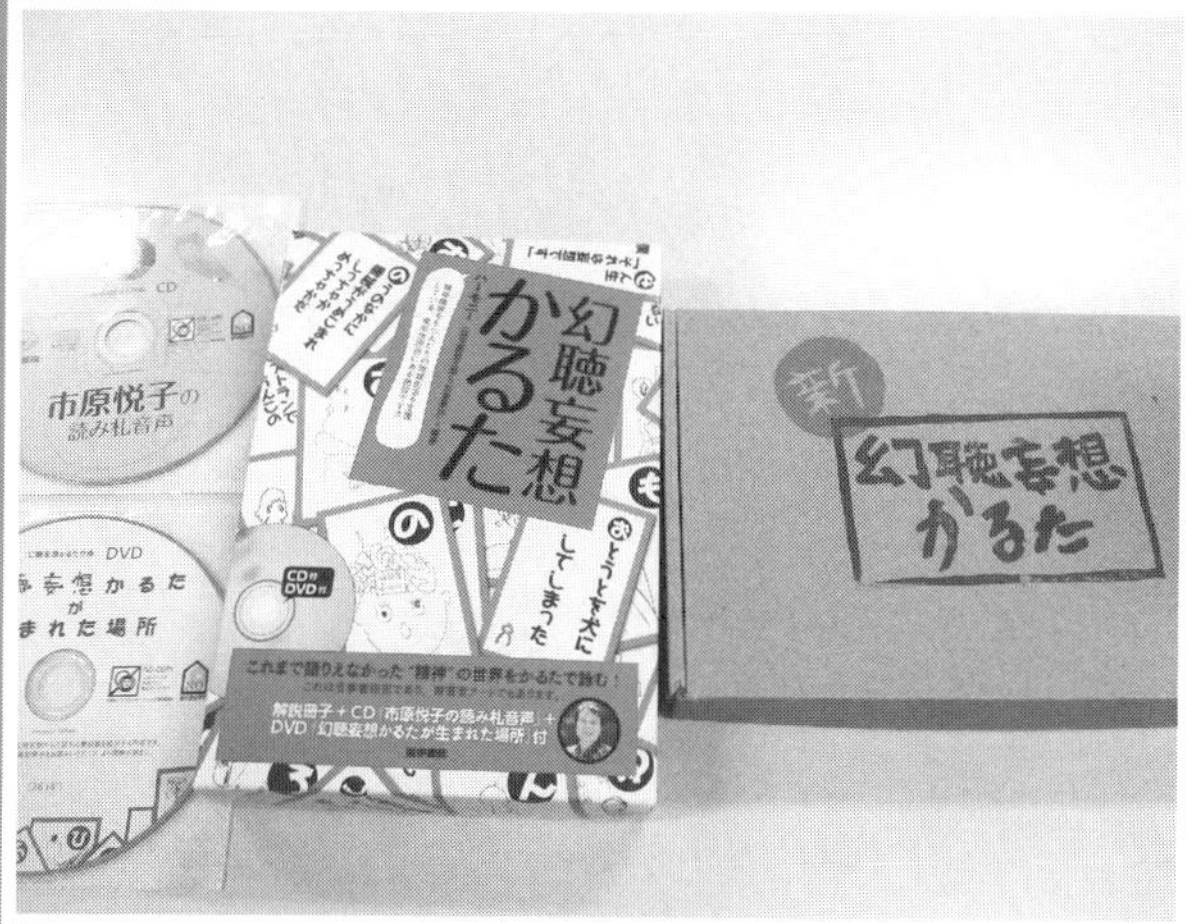

幻聴妄想かるたと新幻聴妄想カルタ

1　一五〇人の女子大生と幻聴妄想かるた

二〇一二年一一月一日、私は「地域社会論」という授業で、受講生である一五〇人の女子大生と「幻聴妄想かるた」大会を開催した。当日、「ハロウィン大会がしたい！」と言う女子大生さんたちの熱い要望に応えて、私とその大会を取材しに来てくださった『幻聴妄想かるた』の出版社である医学書院のイシカーさんは張り切って、写真のような全身仮装で気合を入れて大会に参加した。

イシカーさんと筆者

しかし、その気合は見事にすべってしまい、女子大生たちのなかで大幅に浮いてしまった（その原因は、二人が着たコスチュームが奇抜すぎたためであって、決して年齢によるものではない。いくら女子大生さんたちが私の二回りも年齢が下だとしても、と私は信じたい）。

そんな複雑な大人の心情をよそに、女子大生たちは幻聴妄想かるたの奇妙奇天烈な世界観を堪能し、「幻聴妄想かるた大会」は大いに盛り上がった。

現実離れしたミラクルな時間を提供してくれた「幻聴妄想かるた」に私が初めて出逢ったのは、二〇〇八年九月九日のことだった。

この日、私はマイクロバスに揺られていた。当時、「三軒茶屋プリズム」(1)が主催していた精神障がい者の施設見学ツアーに参加していたのだ。それは、東京都世田谷区内の精神障がい者のための作業所と支援センターを巡るバスツアーだった。数ある作業所と支援センターの活動を実際に見学し、施設利用希望者がどの施設ならば自分で通えるか、どの施設のサービスを利用するのかなどを吟味したうえで、「利用者が自分で利用する施設を自分で選べる」ようにと企画・運営されていたものだった。(2)

私は、沖縄県の宮古島から自分の研究フィールドにしたいと思えるような東京での取材先を探

(1)「障害者支援情報センター　三軒茶屋プリズム」は、世田谷区から委託を受け、指定相談支援事業および精神障害者向けの一般相談支援事業を行っている。住所：〒154-0004　東京都世田谷区太子堂２－15－１　野村三軒茶屋ビル８階。TEL：03-3411-3410

(2)　一九九六年度から二〇〇八年度まで、世田谷区委託事業として、障害者支援情報センター三軒茶屋プリズムが主催する東京都世田谷区内にある二三か所の作業所および六か所の支援センターを六つのコースに分けて見学する作業所・支援センターの見学ツアーがあった。

Column ⑤

150人の学生が『幻聴妄想かるた』を体験

桜花学園大学の地域社会論の授業で、保育学科1年生の150人が『幻聴妄想かるた』を体験した。「幻聴や妄想っていうと、みんないろいろな先入観（怖いとか変とか）を持っていると思うけれど、本当はどうなのか、ということは誰も知らないですよね？　今日はそれを、当事者たちが作ったかるたを体験することで知ってもらいたいと思って、『幻聴妄想かるた』を持ってきました。今からみんなでかるた大会をしたいと思います」

グループに分かれ、市原悦子さんが読み上げる付録のCDをかけて、『露地』（解説書）にある「かるたの遊び方」どおりに、私が「はい」と言ったら札を取るというルールにした。すると、思わずお手つきをしてしまう学生が続出。罰ゲームは、自分の良いところを五つ言うことだった。以下は、体験した学生たちの感想である。

- 自分のイメージでは、幻聴はいいことではないと思っていました。でも『幻聴妄想かるた』をやって、かるたに夢中になるだけじゃなくて、罰ゲームを楽しんだり、読み札に耳をかたむけて、みんなで笑ったりして幸せでした。もっといろんな人とやりたいなって思いました。
- かるたを通じて精神障害がどのようなものなのかを、今まで思っていたものとは違うことがよくわかりました。
- イメージを大きく変えることができました。ありがとうございました。
- 普通に自分でも思ったりすることだったので、意外でした。

感想にあるように、かるたを使って幻聴妄想を語ることが人と人とを結ぶ大きなきっかけになったことが分かる。それが、このかるたの素晴らしさであろう。

していた。あるとき、「面白いから行ってみなよ」と、東京都内でたまたま知り合ったあるPSW（精神保健福祉士）さんがすすめてくれたのがこのツアーだった。

その日に見学したのは、内職だけでなく、ライブハウスでのライブを主活動とする作業所、ドラマ『プリマダム』（二〇〇六年四月〜六月、NTV放映）の撮影現場にもなったという瀟洒なカフェとしか言いようのない作業所、そこで販売されるケーキを製造する工場のような作業所などだった。そして、最後に辿り着いたのが「障害者就労継続支援B型事業所ハーモニー」だった。

ハーモニーの室内に入った途端、私は「何てここは、こんなにオレンジ色なんだろう」と思った。ハーモニーに到着した時刻は、メンバーさんたちが作業を終えて帰宅したあとだったので、施設長の新澤克憲さんが一人でバスツアーの参加者たちを出迎えてくれた。夕陽が室内に満ちていたから？　それとも、あれは新澤さんの後光だったのか？（そんなはずはない）。

ハーモニーが入っているビル

何にせよ、ここはとても居心地がいい。あったかくて、何だか甘くて優しいハーモニーの雰囲気を、そのときの私は「本当にここはオレンジ色だ」と思った。

施設内を案内してくれた新澤さんは、ハーモニーの居室はもともと飲み屋さんだったのでキッチンにカウンターがついていて、そこで毎日、メンバーさんが昼食をとっていること、毎日手づくりされている日替わりメニューがメンバーさんに提供されていて、食事がとっても美味しいことをまず説明してくれた。そして、作業内容としては、リサイクル服飾品や雑貨、メンバーさんの描いた絵をカレンダーなどにして販売していると説明してくれた。

もう、かなり前のことだから記憶が定かではないけれど、たぶん、室内にある大きな木のテーブルにかるた札があったように思う（新澤さんが出してきて、見せてくれたのではないことは、はっきりと覚えている）。それを目にした途端、「ん?!」と私は思った。そのかるた札には、

おとうとを　犬にしてしまった

と、唐突に書かれていたのだ。

「何ですかっ?　これは?!」

弟を犬にするなんて、なんてステキなのっ!!　そう思った私は、すっとんきょうな大声を上げた。その声を聞いた新澤さんは、「幻聴妄想かるた、って言って、今、メンバーさんとつくっ

てるんですよ」と言って、その「幻聴妄想かるた」の試作品を見せてくれた。それを受け取った私は、読み札をどんどん読んでいった。そして、ある札に私のハートはずきゅんと射抜かれて腰砕けになり、思わずその場に膝をついて座り込んでしまった。

　レストランで　うんこの話がしたくてしょうがなくなる

「これ、くださいッ！」

　私は、新澤さんの目をまっすぐにじっと見つめてそう言った。新澤さんはその声の大きさにたじろいで、上半身を反らせて、笑いながら私に言った。

「あげたいんですけどねー、まだ試作品で三つしかできてないんです。ほら、札にシールで絵と読み札の文が貼られているでしょう？　これ全部、メンバーさんがパソコンでつくって、一枚ずつシールを札に貼ってくれてるんです。これをねー、ハーモニーの製品として出版して売りたいんですよ。どこか出版してくれる出版社ってないですかねー？」

と、新澤さんが言ったので、「分かりました！　あたしの本を出版してもらっている出版社の社長さんを連れてきます！」と私は無責任に答え、後日、新評論の社長である武市さんをハーモニーまで連れていった（残念ながら、このかるたは前述どおり医学書院から発行されている）。

　そんな私の熱意に気圧されたのだろう。二回目のハーモニーへの訪問で新澤さんは、その三つしかない試作品のうちの一つを私にくれたのだった。

「授業で学生さんにかるたをしてもらって、学生さんたちの感想をこちらに送ってね。出版するための参考にしたいから」

新澤さんからのステキな申し出を受けて、私はそれから授業で学生さんたちと「幻聴妄想かるた」を楽しみ遊びながら、その後の五年を過ごした。今も、そしてこれからも教材として使うために、医学書院から出版されている『幻聴妄想かるた』を一五個ほど一気に購入して、一五〇人の女子大生と「幻聴妄想かるた大会」をしている。

一五〇人の女子大生とともに「幻聴妄想かるた大会」を開くきっかけになったのは、二〇一二年一〇月一三日に名古屋大学で開催された「第五五回　日本病院・地域精神医学会」だった。それも何かの運命的な巡りあわせだったのだろう。新澤さんが学会の一般演題で発表することを、私は学会が開催される直前にFacebookのタイムラインで知ったのだ。

Facebookで新澤さんを一番最初に発見したのは、Facebookに登録したことで表示される、友人の可能性のあるFacebookユーザーの一覧リストでだった。どんな縁やつながりでそこに新澤さんが表示されたのかは、今でもまったく分からない。

けれど、（うわ☆　新澤さんだ！）と、新澤さんの名前を見つけた私は非常に驚いた。友達申請しようかな？　でも、四年前に二回会っただけで、突然、友達申請をしても気味悪がられるんじゃないかしら？　そう思って友達申請をするかどうか、私はしばらく迷っていた。でも！やっぱり連絡してみよう。私は新澤さんのFacebookのタイムラインに、「学会に参加して、新澤さんの分科会に行きます！」と書き込みをした。

そして、迎えた学会当日、私と新澤さんは会場で四年ぶりに再会した。まるでふわふわと空を飛ぶチョウチョをつかまえて喜ぶ少年のような顔で私に近寄ってきてくれた新澤さんは、開口一番、こう言った。

「やっと会えた！　どうしても会いたいって、ずっと思っていたんですよ」

「はい、来ちゃいました。学会発表、楽しみにしていますね」

そんな言葉を交わしたあと、とても悲しい話を、私は新澤さんの学会発表で聴くことになった。それはまったくのノンフィクション、地域で暮らす精神障がい者の皆サマの悲しすぎる話だった。

2　若松組が死んだ！

ここで、新澤克憲さんが「第五五回　日本病院・地域精神医学会」で発表された内容を、ご自身が書かれた文章のまま転載することにさせていただく。この記事は、『精神看護』という雑誌に掲載されている。その内容は、ハーモニーを利用していたあるメンバーさんの死についてのものである。

新澤さんの記事をそのまま転載するのは、今やハーモニーのボランティア・スタッフとしてかかわっている私の言葉よりも、メンバーさんがお亡くなりになった現場と、それまでのメンバーさんとの日常に立ち会われてきた新澤さんの言葉そのままを伝えたいからだ。その意図のもと、読者の皆さんには記事の原文そのままに、その内容をお伝えしたい。

地域で暮らす精神障害者に命のそばにいて思うこと

新澤 克憲 ハーモニー（就労継続支援B型事業所）施設長

「精神看護」第15巻第6号、八～一二ページ（二〇一二年一一月）

割り切れない別れ

通所施設で施設長を務めて一七年目になります。結婚や就職、転居など、人生の節目に立ち会う機会も少なくありません。そして旅立たれる方を見送ることも、地域の施設の日常です。手をつないでいたと思っていたのに、何かの拍子に一瞬ふっと手が離れ、顔馴染みの利用者の顔がスローモーションで暗闇に吸い込まれていく……。そんな割り切れない気持ちになる別れもあるのです。

中村さんとは一二年ほどのお付き合いでした。

彼には特徴的な「苦労」がありました。「若松組」という謎の組織に狙われていて、その組織は彼の居る場所の地面を揺らして嫌がらせをするというのです。ひどいときには、まっすぐ歩くことすらできなくなってしまいます(3)。

糖尿病の既往があり、一時はHbA1Cが10以上のこともあり、僕たちは受診の同行や薬や食費の管理までさせてもらいました。推測の域を出ませんが、「若松組」の苦労も糖尿病に起因する神経症状と無縁ではなかったのかもしれません。

中村さんは五六歳。通所施設のハーモニーから五分ほどのアパートで、ヘルパーに手伝ってもらいながら一人暮らしをしていました。日に一回は顔を出し、昼食をとっては、作業をしたり、通院したりの毎日でした。週末には、バスに乗って近隣の食べ歩きをするのが趣味で、無類のタバコ好き、炭酸飲料好きな心やさしい男性でした。

(3) ハーモニーで製作した『幻聴妄想かるた』(医学書院)では亜礼木小僧《あるきこぞう》の名で「若松組が床を揺らす」などが紹介が紹介されている。ハーモニーのみなさんは、このかるたで第六回「新しい医療のかたち」賞を受賞した。表彰式は一一月二四日に行われた。(新澤さんの記事から転載)

中村さんはどこにいる？

三月のある金曜日、一五時過ぎのことでした。所用のため私は仕事を終えて帰宅していました。ハーモニーから、中村さんが午後になっても顔を出さないと連絡がありました。携帯を鳴らすと、「X病院にいるんだよ」と応答がありました。花粉症のために、総合病院に受診し、会計待ちだということでした。私は昼ごはんがとってあるので、施設で食べるといいですよと伝え、中村さんは、終わり次第バスで行くね、と笑っていました。ここまではよくあることでした。

しかし、その後、施設に残ったスタッフと中村さんの携帯でのやりとりは、いつもの彼を知る者には不可解なものでした。「今、X病院の前の歯科医にいます」「ご飯はいりません」「歯医者の受付です」。

食いしん坊の彼が、食事を摂らずにこの時間まで動いているのは珍しいことなのです。

一六時半を過ぎても、一向に帰ってくる様子もなく、携帯での受け答えが曖昧なことに心配した二人のスタッフは、車でX病院に出かけます。一時間以上病院周辺を捜しましたが、中村さんと会えません。そこに再度、携帯の着信がありました。

スタッフ「まだ受付？　受付の人にかわってください」

中村さん「ええと、誰もいないんだよ」

そのときスタッフは、中村さんは病院ではなく自宅かもしれないと直感したといいます。

ウチに帰りたい

一八時前に中村さんの自宅アパートに到着したスタッフは、室内にいる中村さんを発見します。扉は施錠されていました。ベランダ越しに話ができました。

中村さんは「若松組がいて、自分を家から出してくれない。鍵を開けさせてくれない。動けない。ウチに帰りたいよ」と言います。連絡を受けた私は携帯から中村さんに話しかけ続けました。不動産屋さんに鍵をあけてもらい、スタッフは一八時過ぎに入室しました。

中村さんは仰向けになって部屋の真ん中に寝転んでいました。「若松組がひどくて、起き上がれないんだ」と言い、ここが自分のアパートであることがわからずに携帯で連絡を取り続けていたようでした。

自力で起き上がれないのでスタッフが手を貸してベッドに寄りかかるようにしましたが、倒れてしまいます。水分補給をすると少し落ち着くものの、「もう家に帰るからいいよ」と見当識がないようです。

失禁もあり「右腕、右肩がしびれている」「お尻を打った」などの訴えがありました。

一九時二〇分頃、脳梗塞や転倒、なんらかの外傷の可能性も否定できない、精神科以外の問題もあるかもしれないと、現場のスタッフと施設長の私の判断で救急要請をしました。

一九時五〇分頃、シートに包まれて救急隊四～五人がかりで担がれ部屋を出て、ストレッチャーに乗せられ、救急車内へ運ばれます。

スタッフAが同乗。救急隊がAに名前、住所、生年月日、家族のことを尋ねるのを中村さんは横で聞きながら、正しく訂正することができました。

搬送先として、本人が希望したところは断られました。主治医のいる都立松沢病院からは、一七時を過ぎているからCTを撮ることができない、その症状では受け入れられないので他にまわってほしい、と言われました。そこでAが「東京ルール」(4)に従って搬送先を決める提案をしました。

その日の当番はZ病院で、連絡をとった救急隊からは「ベッドはなく、入院できないが、診察だけならできる」と伝えられました。二一時頃、ようやく救急車はZ病院に向かうことになりました。

中村さんが救急車に乗ってからZ病院に着くまでの一時間余り、Aともときどき会話を交わすことができました。Aに「子どもは大丈夫?」を帰りが遅くなっていることを心配したり、工賃で買ったジーパンを汚してしまったことを気にしたりしていました。しかし、少し前までいた場所が自分の部屋であることや、今日一日の出来事についてはわかっていませんでした。

「そんな話はいい」

救急車がZ病院に到着し、診察室に通されました。担当医師P氏が部屋に到着しました。救急隊が状況を説明し始めると、Pドクターが制止しました。「そんな話はいい」。Aは話をさえぎられる中、辛うじて、失禁のこと、見当識障害があること、腰痛があることを伝えました。

「見なくてもいいと思うが、診察するから外に出て」

中村さんがベッドに横たわる中、そのようなやりとりが行われました。

診察後、P医師からは「問題ない、家に帰ってもらって」と伝えられました。見当識障害

（4）「東京ルール」とは、救急隊によって受け入れが見つからない場合でも、地域の救急医療機関が協力・連携して救急患者を受け入れる東京都のルール。具体的には、各地域の複数の地域救命医療センターが、通年または週一回以上の当番制のもとに受け入れている。この中村さんの場合、救急隊はまず精神科の主治医のいる松沢病院に受け入れ要請をしたが叶わず、CTを撮れと言われたため、近隣のいくつかの病院をあたった。しかしそれでも見つからなかったため、「東京ルール」で、その夜の当番であるZ病院に搬送されたわけである。（新澤さんの記事から転載）

は「今日はそういう気分だったんでしょ。自己表現ですよ」、失禁は「家で対処すればよい」という話でした。

合流していた私もドクターと話をしました。呂律の回らない様子や、膝から崩れ落ちてしまう歩行障害は、普段の中村さんにはなく、一時的なせん妄状態には思えない。自分たちは医療について意見する立場にはないが、脳血管障害や悪性症候群などを疑っていること、松沢病院では、CTなどの画像診断ができないのでどこかで撮ってくるように言われたことを再度伝え、検査をお願いしました。

しかし、ドクターは

「松沢病院も、見る必要がないと判断したから、断ったのでしょう」

「全く大丈夫です。診断名は何もつけられません」

「うちに連れて帰って寝かせるのが一番いいのだ。本人もうちに帰りたいといってるでしょう」

「本人もウチに帰りたい。あなたたちもウチに帰れる。それでいいでしょう」

と断言され、さらに説明を求めると出ていくように言われました。

すでに二二時を回り、持病である糖尿病の主治医には連絡が取れず、Z病院にこれ以上いることもできませんでした。再度、救急隊にも掛け合いましたが、Z病院からの指示がなければ他の病院に回ることはできないと言われました。

結局、私たちは病院への搬送をあきらめて、自家用車で中村さんを自宅に連れて帰りました。帰路は緊張も緩んだのか中村さんは饒舌でしたが、ふらつきは依然として消えません。部屋に入る前にも、階段でつまづき、顔から突っ込むように転倒しました。水分補給をし、眠前薬が効いてきて眠りにつくのを確認して、私たちが帰宅したのは深夜でした。

中村さんの死

翌日の土曜日、私たちは早朝から交代で一日、アパートにいる中村さんに付き添いました。歩行時に足が出ないことや、ときどき自分のいる場所がわからなくなって「ウチに帰る」と言い始めるのは前日と同様でしたが、転倒などの危険は少なくなっており、日常的な会話もできるようになっていました。

夕食には近くのレストランに出かけ、好物のハンバーグ定食を食べました。外出して帰ってくると「あ、ここがウチなのか」と中村さんは笑いました。眠りについた中村さんに布団を掛けて、私は夜一二時過ぎに帰宅しました。

その時点では、地方にいるご家族と連絡をとりつつ、翌日曜もスタッフが付き添い、月曜日にあらためて精神科や糖尿外来に受診するというプランを考えていました。

ところが私たちの見通しは甘かったのです。早朝、様子を見にいった私は、自室内で前のめりになって倒れている中村さんを発見しました。巡回中の警察官に通報し、その後自宅での死亡が確認されました。

中村さんが突っ伏していたのは、食べ残した宅配弁当の上でした。前夜、宅配業者の弁当箱の回収場所に出しておいたのを、中村さんは夜中に目覚め、取りに行って、残った弁当を食べようとしたようでした。口の中に食物があったことは教えられましたが、亡くなった原因がそのための窒息だったのか、そのほかの急変だったのかは知らされませんでした。それが、どちらであったにしろ、私にとっては、中村さんの部屋を離れた数時間が悔やんでも悔やみきれないものになりました。

あの日の私たちの救急要請は、あれでよかったのか、今でも話し合います。

一人ひとりの利用者の体調や精神状態を推しはかるとき、私たちの大事な〝物差し〟は、「いつもと違う」という気づきです。地域の小さな施設で、ともに作業し、食事をし、一年の大半を同じ場所で過ごしながら、またご自宅で語り合うことで、時間をかけて、私たちはその感覚を作っていきます。携帯でのやりとりを不審に感じ、車で迎えに行くのも、「ひょっとして家にいるかも」と推測するのも、この様子はただごとではない、とわかるのも、いつもの中村さんらしくないという気づきなのです。

しかし今回の中村さんの救急搬送に当たって、私たちの「中村さんは普通ではない」という訴えは、Ｚ病院の担当医には伝わりませんでした。

金曜の一九時過ぎ

私たちのような地域の施設は、利用者のもしもの事態を想定し、かかりつけの医療機関と連絡をとっています。中村さんの場合も、精神科だけでなく内科、整形外科、耳鼻科、皮膚科に受診同行し、情報交換をおこなっており、精神科と内科は特に頻繁でした。

しかし、急変にあたり、金曜日の一九時過ぎに指示を仰ぐことのできる医療機関はありませんでした。施設の危急の課題として、週末の夜であっても機能するネットワークを作ることに取り組まなくてはなりません。

一方、精神の疾患以外にも、私たちはさまざまな緊急の場面に出会います。肺炎、脱水、転倒、火傷、多量服薬、誤嚥、交通事故等々。それらはいつ起きるか予測はできません。かかりつけがなかったり、つながらなかったときには、綱渡りです。

精神科の患者さんを断るわけではないがと前置きをしながら、「うちの病院では精神科の薬を出せないから」「人員が足りないから」との理由で、帰るように言われることもあります。「薬はかかりつけの外来まで取りに行きますから」「日中はベッドサイドに施設職員を座らせますから」と、交渉します。
それでも、かつての入院患者の「不祥事」を聞かされ、退院を促される。残念ながらそんなケースが少なくありません。そのくり返しは、当事者だけでなく、私たち末端の支援者を疲弊させ、ひいては地域の医療への信頼感が失われることにつながるのではないかと危惧しています。

最後に、私は119番通報をした夜のことを今でも釈然としない思いで振り返ります。中村さんなりのSOSがあり、私たちがそれに気付き、救急要請をしました。それでも一時間以上も受け入れ先がなく、さらに搬送先の病院で「診る必要はない」と言い渡される救急体制。それは決して、市民の立場に立ったシステムではありません。中村さんの死を〝運命〟という言葉で説明してはならないと思っています。

この記事を新澤さんが書かれた意図については、二〇一二年八月二九日に新澤さんがFacebookのタイムラインに書かれた記事から読み取ることができる。その内容も、以下に示しておきたい。

本文にもありますように、私は施設管理者として

1．利用者の健康管理について「日頃からしておかなければならなかったこと」ができていたのか。

2．利用者の急病に際し「倒れてからしなければならなかったこと」ができていたのか。

以上の二点について、厳しく施設のあり方を振り返ることが必要だと考えており、その作業に着手したところであります。しかし、同時に、地域の救急体制について「あれでよかったのだろうか」という思いを未だに拭い去ることはできず、施設の総意としてあえて学会や紙面で情報提供することとしました。

シュアについては、学会までご遠慮いただいたのですが、今後は、広く知っていただき問題提起としたいと考え、むしろ広くシェアいただき、より広い場で語っていただければと考えます。

この一件について、どんな些細なことでも、こんなふうにしていれば命は救われたかもしれないなどヒントになることや感想などありましたら、この場でも、直接でも構わないのでお知らせ願えれば幸いです。

今後の自己研鑽の一助とさせていただくと同時に、問題提起を考える上での参考にさせていただきたいと思っています。

新澤さんが書かれたこの中村さんの記事を読むたびに、私はとても悲しくて涙があふれてくる。というのも、「幻聴妄想かるた」をきっかけにして二回目に訪れたハーモニーで、私は中村さんと話をしていたからだ。

「ねぇ、本当は若松組なんていないんでしょ?」と話しかけた私に、「いるよぉー、もう本当に大変なんだよぉー」と答えてくださったときの中村さんの口をとがらせた表情と、優しくて低い声を今でも鮮やかに思い出すことができる。

中村さんとハーモニーで出会えて、私はとても幸せだった。中村さんのことを、私はこれからもずっと、きっと忘れない。だって中村さんは、ハーモニーのメンバーさんのなかで一番最初にできた私の仲間だから。そして、中村さんと長い時間を過ごしてきたハーモニーのメンバーさんたちは、中村さんにとって、人生の最期までの時間をともに過ごした大事な仲間であった。

大事な仲間の生活と気持ちに寄り添い、その方の命を守っていくことが施設職員の務めである。その方に家族がいなかったり、家族とのつながりが希薄であれば、家族がすべきことを施設職員が代行する。

施設もさまざまだし、利用者さんと職員さんとの関係にも濃淡いろいろあるだろう。けれど、家族の機能を代行してともに生活をし続けていく時間があるからこそ、家族ではないが、家族のような《家族》になってしまうことも施設職員とその利用者さんの関係である。なぜなら、施設職員にも利用者さんにも、感情があるから。

利用者さんも施設職員さんも、お互いに人間なのだ。だから、施設職員は利用者さんが笑って喜べば本気で笑って喜んでしまうし、利用者さんがつらい思いを抱えていれば、そのつらい思いを消してあげられない無念さと自らの無力さに打ちひしがれて涙し、せめてその方といられる最後の瞬間まで寄り添いたいと切望してしまう。

中村さんは、「精神科の患者さんを断るわけではないがと前置きをして、『うちの病院では精神科の薬を出せないから』、『人員が足りないから』と帰るように言われ」てしまい、頼ることができると信じていた医師に見放され、結果的に孤独死されてしまった。中村さんを想うハーモニーのスタッフの皆さんやメンバーさんたちの悲しみや無念さを思うと……言葉にならない。

しかし、こうした精神の障がいや障がいへの無理解、偏見とともに生きていかなければならない方々を取り囲む現実の厳しさは、残念ながら中村さんのケースにかぎったことではない。たとえば、次ページのコラムに示した精神病院と看取り、そして家族の問題について、私たちには知らなすぎることが多いのではないだろうか。

そして私たちは、どのようにこうした現実と向き合っていったらよいのかをこれからもずっと考えていかなければならない、と私は強く思っている。

Column ❻

精神科と看取り——受講生のレポートより

授業中の印象的な一コマ。私が指導する学生や院生は、保育者（の卵）や看護師である。授業で中村さんの話をした時のこと、ある受講生（「科目等履修生、釣り好きジョニー」と名乗る精神科の看護師）が次のようなレポートを書いてくれた。

「現在の職場が“看取り”はしない方針なので、発生件数としては極めて少ない（年に１件以下です）。患者さんが急変して、身体科に搬送して亡くなった後日、家族が『ありがとうございました』とお礼を言うことが納得できない」

「これは、どういうことなの？」と本人に訊ねると、次のような返答であった。

「精神科で亡くなることを嫌がるご家族が多く、身体科で亡くなることをご家族が望んでいることが多い。自分たちとしては、自分たちの病院（ジョニーさんが勤務してるのは精神病院）がずっと看てきたのだから、最期までその方を看させてもらいたいという思いがある。けれども、10年以上入院されている患者さんのご家族のなかには、緊急連絡先として四つ以上の電話番号が病院に連絡されていても、緊急時に電話に出てもらえない。安否確認ということで警察に電話をし、ご家族に警察から連絡をとってもらうと、すぐにご家族から病院に電話がかかってくる。明らかに、居留守を使っていた。病院の電話番号では出てくれないことも多いため、公衆電話から電話をすることもある」

患者さんが搬送先の身体科で亡くなったことで嬉しそうに、家族が礼を言うことが、ジョニーには納得できないとのことであった。でも、「ありがとうございました、と家族から言われたらどうするの？」と訊ねると、「何も言わず、何も反応せず、ただご家族の顔をじっと見ています」と答えていた。

3 ハーモニーのメンバーの皆サマとの、ステキすぎる毎日――学会発表編

新澤さんの学会発表で中村さんの死を知った私は、泣いて、泣いて、泣いて涙がなかなか止まらなかった。会場には中村さんを知っている方も、知らなかった方もいたが、そこに集った方々全員で中村さんの死を悼んだ。

発表時間が終わったので、私は新澤さんに近づき、「一緒にお昼ごはんを食べましょう☆」と誘った。

新澤さんは午後以降の学会プログラムには参加せず、昼ごはんを食べたらすぐに東京に戻らなければならなかったので、二人で名古屋駅に移動し、そこで名古屋名物を食べることにした。

地下鉄名城線の本山《もとやま》駅で東山線に乗り換えたのだが、エスカレーターのそばに人だかりができていた。そこに女の人が倒れていて、駅員さんや救急隊の方がその女性を介抱していた。私の隣を見ると、新澤さんがいなかった。あれ、新澤さ

スタッフ富樫さん作のナカムラさんイラスト
（写真撮影：齋藤陽道）

んどこ行った？　見回すと、新澤さんはその女性のすぐそばにいた。

何か自分にできることがあればすぐに手を貸せるようにと、新澤さんはその女性をじっと見つめていた。きっと、中村さんが亡くなられる直前まで、新澤さんはきっとこんな表情をしていたのだろう。新澤さんの顔を見て、私はそう思った。

新澤さんは、亡くなってしまう命を救うことができない悲しみと無力さを知っている。だから、どんな命も決して見捨てないし、見過ごさない。新澤さんは本当に優しいのだ。私は新澤さんの隣に立ち、ストレッチャーで運ばれていく女性を新澤さんといっしょに見送った。


さて、名古屋と言えば味噌煮込みだがね（名古屋弁で「だがね」は「でしょー？」という意味。お笑い芸人のスギちゃんが言う「ワイルドだろー？」の「だろー？」の音の高低とニュアンスが、「だがねー」のそれに一番近い気がする）。ＪＲ高島屋の山本屋本店前の行列に並び、「あたし、新澤さんが大好きです。すごくすごく、ものすごく大好きです」と新澤さんに言うと、新澤さんの携帯が鳴った。

電話は、新澤さんの息子さんからだった。通話が終わり、電話を切った新澤さんは、「息子がね、いつ帰ってくるの？って。早く帰ってこないと、マリオカートの対戦ができないって」と、幸せで嬉しくて困ってしまってしょうがないといった表情で私に言った。山本屋本店の物腰柔らかな店員さんが、行列に並んでいるお客さんの注文を順番に聞いてくれていた。

店内に案内されると、注文していた味噌煮込みうどんがすぐにテーブルに運ばれてきた。ぐつぐつ煮える味噌煮込みうどんの土鍋の蓋を開けると、名古屋コーチンの卵がこれ以上にないくらいに最高に美味しそうに、うっすらと白く半熟に固まっていた。最高級の鰹出汁の匂いが鼻をくすぐり、たまらず口の中が涎でいっぱいになった。

「いただきます」

二人で割り箸をパキンと割ると、私は新澤さんにこう言った。

「あのね、新澤さん。山本屋では土鍋のふたを取り皿にして食べるんですよ。そのまま食べたらものすごく熱いから。あたしはね、土鍋の蓋にうどんと黄身とごはんを乗せて、このお汁をこのくらいかけて、全部いっしょにこうやって食べるのが最高に美味しいって思うんです（でも、一番好きな味噌煮込みのうどん屋さんは山本屋大久手店なんですけどね☆）」

新澤さんは私が言ったとおりに土鍋の蓋にうどんと黄身と白飯とお汁を乗せて、土鍋の蓋に口をつけてそれをすすった。

「ほんとだ、おいしい！」

目をまんまるに見開いて味噌煮込みうどんを食べる新澤さんを見て、私はにっこり笑った。そして、最後のお汁まで本当に美味しく、味噌煮込みうどんを全部ぺろりとたいらげた。

昼食をすませたあと、私は新澤さんを高島屋の中にある三省堂書店に案内した。看護の棚の前に『幻聴妄想かるた』が並べられているのを、ずいぶん前から見つけていたからだ。

「ぼくね、本屋さんで幻聴妄想かるたが売られているのをまだ見たことがないんですよ」と言う新澤さんに、私は、「でも、見つけたのはだいぶ前のことだから、もう並んでいなかったらごめんなさい」と答えた。

本棚に近づくと、『幻聴妄想かるた』が平積みされていた。「あった！」と大喜びした私と新澤さんは、『幻聴妄想かるた』を手にして微笑み、本棚の前でお互いの記念撮影をした。

「これ、買ってきますね」とレジに向かうと、新澤さんは「本屋に幻聴妄想かるたが並べられているのも初めて見たけど、本屋で幻聴妄想かるたを買う人も初めて見た！」と、本当に嬉しそうに笑った。

レジで支払いをすませて新澤さんの所に戻った私は、「ねぇ、新澤さん。かるたの蓋の裏に、サインしてくださいよ」と言った。黒いボールペンを鞄から取り出した新澤さんはちょっと考えて、「中村さんのハンバーグ　新澤克憲」と書いた。

お亡くなりになった中村さんは、毎月のハーモニーでの工賃を受け取ると、バスに乗って少し遠くの「すき家」までわざわざ出掛けていた。そこには、中村さんのお気に入りの可愛い女の子の店員さんがいて、その店でハンバーグ定食とビールのセットをいただくことが毎月の楽しみだった。

「もうね、この幻聴妄想かるたをつくってくれたメンバーさんたちのなかには亡くなられた方もいらして、メンバーがほとんど入れ替わってるんですよ」と、新澤さんは寂しそうに言った。

「では、会えるうちにあたしはハーモニーに行かなければなりませんね」と、近々ハーモニーを訪れて、フィールドワークをすることを新澤さんに私は約束した。

　新幹線の改札口前のキヨスクで、お土産を買うことにした。

「やっぱり夜に活発になるメンバーさんたちのお土産は、うなぎパイがいいですよ。だって、うなぎパイは〝夜のお菓子〟だから」と、にんまり笑って私が言うと、「そうだね、ぴったりだね」と、新澤さんもまたにんまりと笑ってうなぎパイを手に取った。

うなぎパイと一緒に名古屋の手土産の定番である坂角の「ゆかり」を買うようにと新澤さんにすすめながら、私は新澤さんの息子さんのお土産にと豊臣秀吉の袋に入ったエビ煎餅を購入し、新澤さんにプレゼントした。

　またすぐに会おうね、と約束を交わした新澤さんは、「ぼくのことが大好きだって言うのならね、嶋守さんはきっと、ハーモニーのメンバーみんなのことが大好きになっちゃいますよ」と言い残して、東京へと帰っていった。

　そして、二〇一二年一一月一六日、私は横須賀文化会館のステージ中央に座っていた。その二日前、私はフィールドワークのために久しぶりにハーモニーを訪れていた。訪れて早々、新澤さんは私に、「あ、嶋守さん、メンバーさんといっしょに、精神障害者リハビリテーション学会に出てね」と唐突に言った。ハァ?……と思ったつもりが、「はい」と私は答えていた。

「学会で、メンバーと幻聴妄想かるたのミーティング風景をそのまま再現するの。嶋守さんがミーティングに訪れたお客さんっていう設定で舞台にいてくれれば、メンバーもリラックスしていつもどおりにやってくれると思うんだよね」

新澤さんの段取りどおり、「愛の予防戦隊をはじめまーす!」というハーモニーのメンバーであるミチコさんの、大きくて元気なかけ声で当日の学会発表がはじまった。

「愛の予防戦隊」とは、毎週水曜日の一三時から行われているミーティングの名前である。ミーティングでは、メンバーさんたちが一人ひとり、その一週間にあった出来事を報告してくれる。そのときに、「ねぇ、きのうの晩御飯、何食べた?」とでも訊くように自然に、「あの幻聴妄想はどうなりました?」と新澤さんがメンバーさんに訊ね、メンバーさんがそれに答えていくといったようにミーティングが展開されていく。

学会当日は、メンバーさんの金ちゃんの幻聴妄想話からミーティングが進められていった。金ちゃんがとつとつと話しはじめた。

「公園でね、宇宙人に会ったんですよ」

「へぇ、そうなんですか。その宇宙人はどのくらいの身長でしたか？」

新澤さんが金ちゃんに訊ねる。真面目な金ちゃんは立ち上がり、「この位です」と自分の肘に手を当てて宇宙人の背の高さを示して、「だいたい小学校の三年生くらいの女の子でした」と答えた。

「そうですか。では、その宇宙人の髪型はどんなでしたか？」

金ちゃんの言葉を否定せず、くすくす笑いながら新澤さんが訊ねると、金ちゃんは大真面目に「前髪が、眉毛の上でぱっつんと真っすぐに切り揃えられていました」と答えた。

「では、服装は？」という新澤さんの問い掛けに、「はい、ジーンズの長ズボンを履いていました」と、金ちゃんはさらに真面目に答えた。

おいおい、いったいどこの宇宙に、小学校三年生で前髪を眉毛の上でぱっつんと切り揃えて、ジーンズを履いた女の子っていう生命体がいるんだよ？　と、ツッコミどころ満載に妄想話が展開されていくのに合わせて、ハーモニーのスタッフの富樫さんが、その宇宙人の可愛いイラストをホワイトボードに書いていった。

「こんな感じですか？」と、新澤さんが金ちゃんに訊ねると、

「はい！　まさにそんな感じでした‼」と、金ちゃんが嬉しそうな顔で答えるので、話を聴いた私も、会場のお客さんも大爆笑をした。

笑い声で会場が和み、ホール全体の空気があたたまってくると、新澤さんはさらに優しく笑いながら、「で、その宇宙人は公園で何をしていたんですか?」と金ちゃんに訊ねた。金ちゃんもリラックスして、和んだ表情で話を続けた。

「何でだかはよく分かんないんですけど、腕のこのあたりから血を流して、宇宙人が泣いていたんですよ。だから、その傷の手当てをしてあげたんですけど、それでも泣きやんでくれないから可哀相になっちゃって、その宇宙人にジョンレノンの『Love』を優しく歌ってあげたんです」

そう言って、金ちゃんは小学三年生で眉毛の上で前髪を切り揃え、ジーパンを履いた宇宙人の女の子に歌ったように、「Love is real ……」と発音よく歌いはじめた。たしかに、金ちゃんの歌声は、宇宙人や怪物だって泣きやんでくれそうなくらいに優しかった。しかし、(金ちゃんの愛はリアルだと思うのだけれども、宇宙人は絶対にリアルじゃないと思う)と、私は少し皮肉めいた思いを抱きながらも、金ちゃんの妄想話に引き込まれ、つい笑ってしまった。

「で、どうなりました?」と、ジョンレノンになりきった表情でひとしきり歌ったあとの金ちゃんに新澤さんが訊ねると、金ちゃんはこう答えた。

「はい。そしたら、その宇宙人が泣きやんでくれたんですよ。で、『優しくしてくれて、ありがとう。お礼に、この世で一番キレイな空気が吸える所に連れていってあげる』って言ってくれたんです」

「それはどこだったんですか？」という新澤さんの問い掛けに、「はい、それがハーモニーだったんです」と、金ちゃんは答えた。

金ちゃんの優しい妄想話が終わると、メンバーのIさんと新澤さんが優しくギターを奏ではじめた。その音色に合わせて、メンバーのNONちゃんが自作の詩を朗読した。本当にキレイなハーモニーの空気そのままが会場全体に満たされたところで、即興楽団UDje(うじゃ)（第3章参照。以下、「うじゃ」と記す）が登場した。

打楽器をメインとした楽器構成による即興音楽が奏でられて、ハーモニーのメンバーも合奏し、その音色に合わせてハーモニーとうじゃのメンバーたちがダイナミックに踊りはじめた。音が大きくなるのに合わせて会場の空気がどんどん膨らみ、会場も盛り上がっていった。

学会発表は、こんな様子で大成功を収めた。

「だいぶたくさんね、今日は学会事務局からギャラをもらったんです。このお金で、みんなで海軍カレーを食べに行きましょう！」

新澤さんがそう言うと、気持ちよくお腹を空かせた私とハーモニーのメンバーさんたちは横須賀で一番有名な海軍カレーのお店にバスで移動した。みんなで「いただきます！」と声を合わせてカレーを頬張った。普段あまり外食をしないというメンバーの早川さんも「おいしい、おいしい」と言った。このカレーでの打ち上げ食事会が、ステキすぎる早川さんにとっての最後の外食会になった。早川さんはこのあと、持病が悪化し、天国に旅立っていった。

学会発表を終えたあとも、「世界で一番キレイな空気」が吸いたくなるたびに、私はハーモニーへと何度も足を運んだ。そして、ハーモニーの美味しすぎる昼食づくりの名人、寺岡さんとまことちゃんのお手伝いが私の仕事になった。

半年後の二〇一三年の六月三日、新澤さんは「嶋守さん。今度のミーティングで司会してくれない？」と言った。「いいですよー。ハーモニーのためなら、いつでも何でもやっちゃいますよー」と答えた私が、新澤さんの夏休み中に行われるミーティングの司会を担当することになった。せっかくなので、私が担当する日のミーティングのテーマを、「ハーモニーのメンバーさんから見た中村さんと中村さんの死について」とした。

4 ハーモニーでのミーティング記録と、メンバーさんから見た中村さん

二〇一三年八月二八日、職場でのてんやわんやな忙しさにようやくひと息つき、私は新澤さんから送っていただいたメンバーとのミーティング記録の文書を開いた。記録はスタッフの富樫さんによって、次のようにまとめられていた（富樫さんに送っていただいた記録のままにメンバー

さんのお名前をここで書くと個人情報の漏えいになるので、メンバーの呼称だけ修正しましたが、ミーティングの記録そのものを以下に載せますね☆）。

☆★☆

嶋守さんミーティング二〇一三年七月三一日

参加メンバー一三名：ミチコさん、Ｊさん、Ｊくん、ＮＯＮさん、金ちゃん、佐々ピー、Ｋさん、Ｍさん、マジンガーペットさん、お豊さん、佐々木くん（ヘルパー）、のんこ、Ｏくん

スタッフ：富樫

嶋守：ミーティングの司会は初めてなので、みなさん助けてください。『孤独死の看取り』という私の本を出す予定で、このミーティングの内容を本に書くつもりです。本でどのように呼ばれたいか、と最近の報告をお願いします。

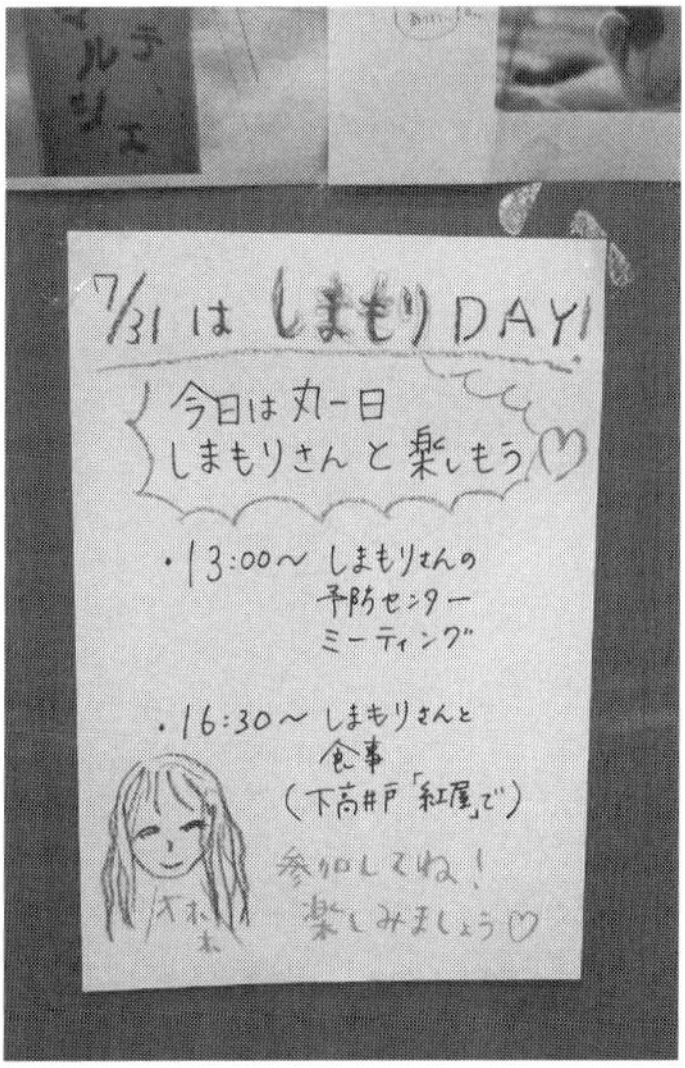

しまもりDAYのポスター

ミチコさん：元気です。

NONさん：NONちゃんと載せてください。引っ越すことになりました。元ショウちゃん（前節まででで書いた、中村さんです）の家へ。バタバタしています。一〇月に引っ越し。九月になって金がない！

Jくん：何か月か前から頭の中にいたおじいさんが今朝死にました。保護費が四〇〇〇円減った。タブレットを買ったら、月一万円使えるお金が減るんです。本が買いにくくなった。

のんこ：のんこと呼んでください。最近は入院していて、二か月ちょっと。今日も外泊で来ている。こんなに入院するはずじゃなかった。ごはんは少ないし。朝は小鉢とヨーグルトしか食べていない。一か月で一〇キロもやせました。入院生活はすごくいや。精神障害だと隠していて、生活保護だと大家さんに言ってしまった。薬は少なくなりました。

マジンガーペット：マジンガーペットと呼んでください。三年くらい前、キャロットタワーで展示会があったときの名前を使った。最近は、夜寝る時に薬を飲む用意をしているんですね。半年くらい飲み忘れています。以前は飲まないで寝るとぺっしゃんこになって死にそうになる経験をした。今はなんとかもつ。夕方になると頭がガンガンいう。訪問看護で来ている看護師さんと、だんだん親しくなってきた。本をまともに書く人になりたいです。でないと彼女と一緒になれない。

Oくん：病気の話で言えば、太ってきちゃったので薬をやめて、調子が悪くなったので飲み始めています。後輩とケンカしたんですけど、仲直りしました。仲が深まりましたよ。

Mさん：ただいま絶好調。最高です。

Kさん：俺はいーよ。

佐々ピー：佐々ピーでいいです。薬をコロコロ変えていて、何がなんだか分かんなくなっちゃって。通りすがりの人が私の昔の話をしています。「佐々ピーは昔、半端もんだったんだ」って。

嶋守：名古屋から来ました。大学で本を書こうと思ってきました。今すごい緊張しています。

佐々木（ヘルパー）：友達のバンド練習に、梅島に行ってきた。

Jさん：Jさんと呼んでください。相変わらず心の中でケラケラ笑っている。大好きな夏が来てうれしい。先生に「多幸感いっぱいでうらやましい」と言われました。赤ちゃんが弱点で、赤ちゃんを見ると笑ってしまう。赤ちゃんの動きが弱点なんです。

金ちゃん：金ちゃんでいいです。スーパーで働いていて、現場のチー

ミーティング風景

ミーティングルーム

フがよく理解してくれていて、その人が辞めたら私もやめようかなと、思っています。

お豊：お豊で。最近一人でバスに乗れるようになりました。神奈川や渋谷のはしっこのほうに行くようになったら困ると親に言われました。

富樫：私はとてもリラックスしています。

嶋守：ありがとうございます。新・幻聴妄想かるた第二弾について教えてください。

ミチコさん：目が不自由だったけど、みなさんよくしてくれています。脳こうそくになった。お父さんが「ごはんを食べた？」ってきいても、「食べてないよ」って言うの。おかしいな？って、近所の人が心配してくれて松沢で検査して頭がつまっていると言われて、入院した。

富樫：ミチコさんのかるたはね、「不思議です。徒歩二〇分が一時間半」これは、ヘルパーさんがゆっくり手をひいて歩いてくれるっていう話なのです。

ミチコさん：そう、あんまり早く歩くとヘルパーにお金が入らないからって（笑）

Jくん：「さようなら幻覚の虫。こんにちは本物の虫」

NONさん：「ヘルパーさんが見つけた青あざ　意味不明」

Jさん：「あ、そうだゴマ焚きしなきゃ」　火を焚いていたら、糊付けされた封筒がでてきて、開けたら、甘栗が入っていた。火にくべたら、パーンって爆発した。

のんこ：「みんなでスイカを食べるとおいしい」

佐々ピー：私のはない。イラストはありますよ。「ほりゃほりゃと信号待ちで私を押してくるもう一人の私」っていうのはどうかな？

マジンガーペット：「ないないとダンボールは言う」「今週のカラオケのニックネームは…」

富樫：ニックネーム何にしたんでしたっけ？

マジンガーペット：「首都、静岡市に移転」

嶋守：（笑）都は市に移転しないでしょ！

のんこ：薬を飲んでて二日間だけ幻聴がきこえて、薬やめたら治った。「朝だけきこえるよ　幻聴が」はどうかな？

※その後、中村さんの話でミーティングが進んでいった。

Jさん：日曜に亡くなっているのが発見された。その週の木曜に会っていたんですよ。そのときは元気だった。

NONさん：くいしんぼうだったよね。ショウちゃん（中村さんのこと）にあてた詩を書いたよ。

ミチコさん：朝、言葉をかけてくれる。朝、「おはよう」って。

NONさん：Nちゃんが亡くなったのがショックだったろうね。

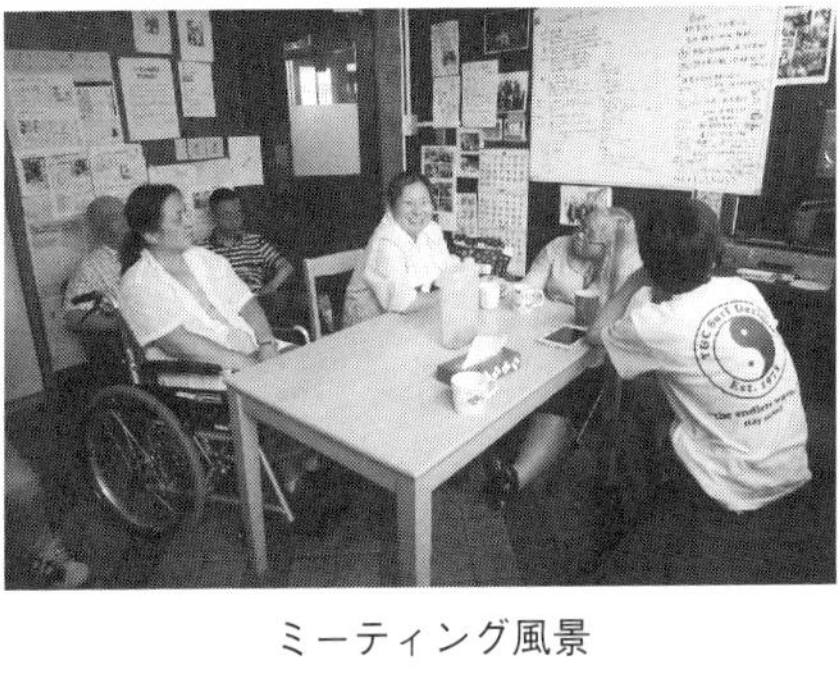

ミーティング風景

金ちゃん：喫茶室パインという作業所で一緒だったんです。
佐々ピー：だから、コーヒーの淹れ方がうまいんだ！
NONさん：亡くなったときは、泣いたよね。
Jくん：おととしの冬、（リサイクルの寄付品で）ダウンが入ってきたら、中村さんと大野さんのどちらがもらうか、サイズが合ったら私も、と思っていた。その冬に亡くなったんです。中村さんが行っていた整形外科に、亡くなったことを伝えてきました。
NONさん：自分を責めた。ハーモニーのごはんは多いから、ごはん半分もらって〜とショウちゃんに言って食べてもらっていた。（そのせいで亡くなったと思って自分を責めた）しんちゃん（新澤さんのこと）に言ったら、そんなことはないよと言われた。鼻血を出していた、腕がベタベタだった。ショウちゃんは優しかった。
Jくん：「大丈夫か、帰れるか？」と心配して声をかけてもらったことがある。
嶋守：新澤さんの記事を読んだ？　どう思った？
Jくん：僕は読みました。ああ、そういう話か。ハーモニーも変わって行くんだな、と思った。
NONさん：講演に行くと彼は人気。会場がわくのよ。
Jくん：嫌われるところがなかった。鼻毛と五分以上格闘していた。（ハーモニーの作業の一つである近くの）公園のそうじのとき、タバコを捨てているんですよ。（笑）

富樫：お金の使い方が荒くて、お金をハーモニーで預かって、一日一六〇〇円だったかな？　それをいつもお小遣いとして渡していた。で、タバコはいつもマイルドセブンを買っていて、タバコの質は落とさなかった。それで八〇〇円くらいかかっちゃう。あと、ロールパンを毎朝買ってました。

Jさん：ロールパンね。部屋に行くと机の上にいつも置いてあったなぁ。あと、牛乳と（Jさんは、中村さんのホームヘルパーとして働いていた）。

富樫：休日は、牛丼をいつも食べていた。「もう、牛丼は嫌だから、もっとお金をくれ」とよく言われていました。お金がなくなると、誰かに食べさせてもらうことがよくあったみたいです。

佐々ピー：わたしも言われましたよ。金を貸してくれと。貸しませんでしたが。

Jくん：金を貸してくれと言われたことはなかったなあ。

NONさん：私もなかったな。

富樫：女性には優しかったですよ。ドアを開けて先に通してくれたり。あと、食事のときはよくせきこんでいましたね。

Jくん：鼻から食べ物が出ていたんですよ。

富樫：出入り禁止になった店もありましたよね。

佐々ピー：そこの「〇△×（店名）」という店ですよ。

富樫：中村さんは、見た目も鼻水を流していたり、お腹がすごく出ていたりして汚いんですけど、心が優しくてあったかい人だったんです。

☆★☆

メンバーさんたちとのミーティング記録が送られてきたあと、九月五日、通院日だったためにミーティングに参加できなかったメンバーのIさんが、中村さんについての所感をFacebookのメッセージで送ってきてくれた。その記録は、次のようなものだった。

※九月五日分のIさんからのメッセージ（九月五日、一一時三九分の送信記録）

中村さんについて　その1

何か語るという時、質問に答えるという形が楽なのですが、記憶を掘り起こすという形で試しに書いてみます。中村さんは恵まれた家庭に育ち、スポーツも、お勉強もエリートでした。中学の時にサッカーで全国大会だったか、県大会だかで優勝してテレビのインタビューを受けたことがあったそうです。お勉強も慶応高校から慶応大学に進むというあこがれのコースを…。家庭的にも恵まれていて、ベッドとソファーと椅子の生活で、生活保護で初めて畳の上に直接座るということを経験したそうです。いつもステーキを食べていて、魚はほとんど食べてこなかったそうです。就職は父親のコネでＪＡＬに入社、農協などの団体旅行を担当する営業職で、接待でお酒を勧めて廻るのが、後に水中毒になるほどコップの中身を一気に飲む習慣を作ったようです。その場を和ませるキャラクターもこの頃、形作られたようです。会社からカルフォルニア大学に留学させてもらって英語で商談できるほどだったそうです。そんな理想的な環境が壊れ始めたのは母親の死からだそうで、彼の安定の源が失われてしまったようです。父親が若い女性と再婚して家族は解散したということ。その時、母親の遺産として一千万円受け取り、家を出たそうで、そのお金は接待の仕事で覚えた風俗遊びであっという間に使ってしまったということです。この時にはもうきっと病気になっていたのではとは本人の弁。

この記録に対して、私はＩさんとのFacebookで次のようにやり取りした。

嶋守：素晴らしいです！　このまま、原稿に使ってもいいですか？（九月五日、二一時四八分の送信記録）

Ｉさん：^_^いいですよ。使ってください。（九月五日、二三時〇七分の送信記録）

Ｉさん：ボクとしては問題ないですが、プライバシーとかは、やはり、新澤さんのチェックが必

要かもですね。（九月五日、二三時三五分の送信記録）

嶋守：了解です。確認してみますね！（九月七日、一五時五六分の送信記録）

Iさん：はい！　お願いします。（九月七日、一六時〇〇分の送信記録）

三日後の九月八日、Iさんから次のメッセージが届いた。

※九月八日分のIさんからのメッセージ（九月八日、二時五七分の送信記録）

中村さんについて　その2

中村さんの傍にいると不思議と落ち着いた。本人は沢山の不安の中にいても、傍にいる安心感は絶大なるものがあった。育ちの良さと、人間に対する基本的信頼が失われていない所為か、周囲に対して攻撃的になるということはなかった。逆にお金に関してはだらしなく、彼に貸したら返ってくる保証はなかった。「貸して」と言われて両手を出されても貸せるわけはなかった。彼と仲良しのNちゃんに対する借金も増える一方で、減る様子はなかった。「貸せない」というと「俺のこと、馬鹿にしてるんじゃないか」と周囲に洩らしたりするが、それでヒトを恨んだりするということはなかった。ボクらはお互いに助け合って生きていることを一番理解していたひとで、お金を貸してくれなくても、知恵や知識を寄せ合えば、かなりの困りごとが解決できてきたことまで、忘れたりはしなかった。他人から、共依存と言われるほど仲の良さと離れられない苦しさの只中にいたNちゃんは彼のお金へのだらしなさに困り果て…（中略）…、無駄遣いをしない。させない方向自分たちを導いた。問題解決に本人たちとスタッフで辿り着いた答えだった。

この記録に対して、私はIさんとFacebookで次のようなやり取りをした。

嶋守：ありがとうございます。こんなに遅い時間に起きていて大丈夫ですか？　ってお互いさまですね(^^)（九月八日、二時五九分の送信記録）

Iさん：この時間がやっと集中できる時間なんです。（九月八日、三時七分の送信記録）

嶋守：そうなんですかー。涼しくなってきたから、今の時間って気持ちいいですよね。でも、ちゃんと寝れてますかー？　元気なくしちゃダメですよ(^^)（九月八日、三時一三分の送信記録）

Iさんからの返信は、それ以降、まったくなかった。

5 本音を口では語れない、という障がい

ミーティングの記録と、メンバーさんのIさんから送っていただいた中村さんについての文章を読んでからというもの、私は何とも表現しがたい違和感というのか、現実とのギャップを感じて考え込んでいた。うーん……。うぬぬぬぬぬ。何だろう、この浮世離れした文字の羅列は？

記録や文章そのものの、文章の書き方自体の問題ではまったくない。ミーティングが開かれたその場に私もいたのだから、ミーティングの記録に間違いはない。Iさんの温厚な性格を考慮しても、Iさんの文章に嘘が書かれているとも、まったく思えない。しかし、このメンバーさんたちの言葉たちから聴こえてきていた「浮世離れ」感を、実際のミーティングでメンバーさんたちが語ってくれていた言葉に耳を傾けていたときから、実は私は感じていた。

何度も繰り返すが、語られていることは嘘では決してない。けれど、語られている内容がリアルではない。それはまるで、いじめがある小学校のクラスでの道徳の時間に、教師が「いじめはいけません」と言ってしまうからこそ、生徒たちがクラスで起きているいじめについて、あえて「語らない」でいる沈黙ととても似ている。

あるいは、そのクラスの生徒たちは、そのクラスにいじめがあることは現実に見ているから知

っているし、それがいけないことだということも分かってはいる。けれども、そのいじめについて語ってしまうことで、次に起こると分かっているさらなるいじめのターゲットにはなりたくない、決してならないぞ。そう言いたげな、そのクラスの生徒たちによる「現実の否認」にとてもよく似ている、と言えばいいのかもしれない。

うーむ？　自分が感じていることがうまく言葉にならん。妙なたとえを使ったら、余計に分からんことになっとるよー。何とか感じていることを文章へと変換したいと考えていてもまったく何も分からないので、Ｉさんが中村さんについての文章を送ってきてくれたこと、そして、その文章をこの本の原稿にそのまま使ってもいいかどうかを訊ねるために、私は新澤さんにメールを送ることにした。

すると、新澤さんはすぐに返信をしてきてくれた。私は、そのメールに次のように返信した。

嶋守：おはようございます。嶋守です。昨日から、わたしが逃避してきた入試業務が本格的になってきました。忙しいなーとにやにや笑って過ごしていました。これも現実を否認するための一つの防衛機能ってやつだなって、自分に苦笑いしていました。

（以下の新澤さんの部分は、あたしが新澤さんに返信する前のメールで、新澤さんからいただいていたメールの文章です）

新澤：こんにちは。東京は雨がひどい朝です。息子は嬉しそうに出ていきましたが、警報が出るかでないかのこんな天気はちょっと判断に迷います。ハーモニーの開所をどうするかって考えなくてはなので。いまのところ、いつもどおりの開所です。

嶋守：おつかれさまです。東京は大雨だったんですね。ナゴヤはちっとも降らなかったのに。こういう時に、トーキョーとナゴヤは遠いんだなぁと不思議な気持ちになります。本当の距離がわからなくなる。

新澤：Iさんの文章、確認しました。Iさんらしくて、ほほえましいですね。彼の文章を読むと、すこし面映い気持ちになります。

Iさんは、PTSDの回復期にあたって、僕＝新澤の立ち位置から人や物事を見ることを取り入れているような気がするので。かつて、僕が語ったような気がするフレーズ満載です。ご自身の感想を僕の言葉で語っているのでは、と訝るような場面が時々あります。「ヒトから、共依存と言われるほど仲の良さと離れられない苦しさの只中にいたNちゃんは…」とか、淡々としていて友達の記述というよりケース記録みたいですものね。

嶋守：なるほど。やっと納得です。先日のミーティングの時のメンバーさんたちの言葉にしろ、このIさんの言葉にしろ、リアリティがないなー、本音がないなー、何だろう、この浮世離れしたフワフワ感満載な、掴みどころがない、霞がかった言葉たちは？　と疑問だらけでした。

　自分の目から見える自分の現実に直面する、見据える、その現実を生きるのが怖い、あるいは生きたくないという拒絶やら、もう生きるための活力なんか残ってないから逃げたいというキモチ。あるいは、もう自分の現実なんて生きられるはずがないという、諦め？

　そういったものがあるから、Ｉさんはそういった語りかたをするのでしょうか？　信頼できる人間の視座にいる安心感に居住することが、自らの現実を生きる／生きないための、Ｉさんなりの、サバイバルスキルであるというか。

　特に、Ｉさんの過去のなかでＰＴＳＤを背負うほど、現実の恐怖を見たから？　と、わたしは思ったのですが、いかがでしょうか？

新澤：（Ｉさんの文章をこの本の原稿として使うことについて）どんな文脈で、しまもりさんが依頼され、使われるかがわからないので、難しいのですが。

嶋守：うーん。今、考え中なんですが、Ｉさんのこの文章をめぐっての、わたしと新澤さんとのこのメールでのやりとりまで書きたいなと思っています。

新澤：特に問題ないですよ。

嶋守：ありがとうございます。使わせていただきます。原稿を書いてみますので、またチェックをお願いします。ダメなら、ダメな部分を何度でも書き直します。

新澤：はい。きっとＩさんは「中村さんとどんなことしたの？　何を話して、何が楽しくて、何を一緒に食べたの？　死んじゃったとき、Ｉさんは何を思ったの？」とストレートに聞かれるのが一番苦手な気がします。Ｉさんとの一五年以上の長いおつきあいのなかで彼の苦しそうな様子は見ていますが、哀しそうな様子や大爆笑する場面にはほとんど遭遇しないままです。そして、Ｉさんの感情で際立っているのは、かなり長期間続く「怒り」です。普段の温厚な姿からはちょっと想像しにくいけれど。中村さんの一件で、ＰＴＳＤに直結するような直接的な体験が蘇らないような配慮か、あるいは制御しにくい「怒り」が出てくるのを無意識に避けているのかわかりませんが、いずれにしろ、淡々としていて、友人の追悼文にしては不思議な気がします。

嶋守：そうなんですよ。そこをＩさんが答えてくれなかったことで感じた違和感が、ハーモニーを理解するために重要なことを考えさせられるきっかけになりました。

幻聴妄想って、何なんですかね？　通り一般にではなくて、ハーモニーのメンバーにとっての幻聴妄想って。

メンバーそれぞれ答えは違うけれど、自分の現実を生きたり、生きなかったりするための、防衛機能？　その幻聴妄想が見える視座が、一番自分にとっての安心感や、自身への全能感が保障された、極めて最大の不快に満ちた快楽なんだろうか？　と、Ｉさんの受け答えや新澤さんのこのメールを見て考えました。

新澤さんは、メンバーさんたちの幻聴妄想をどう捉えていらっしゃるのですか？

新澤：僕の立ち位置から中村さんとNさんとの関係をちょっと俯瞰して語ることが、Ｉさんにとって安心できることであるのだと思います。

嶋守：はい。

新澤：中村さんの経歴やハーモニーとの関係、友人との付き合いが僕の知っているものは異なっていますが、それもＩさんの真実ならば、いいと思います。そんな感じでしょうか。答えになってない？

嶋守：いや、「答え」になっていますよ、一番わたしが欲しかった回答をくれたんですよ、Ｉさん。と、新澤さんからのお返事をいただいてわかりました。新澤さん、ありがとうございました。

新澤：掲載はぼくが許可する、しないの問題というよりも、Ｉさんは「新澤さんのチェックが」とおっしゃりながらも「よく出来ました！」ってぼくのハナマルを期待されているのだと思います。(笑) もし、掲載されるとすれば、Ｉさんすごいとハナマルを差し上げたいです！　それから…あれ、自分のことが全然、書いてないですねえと、笑ってお疲れ様と言うかかな。

嶋守：この部分、原稿に使ってもいいですか？

それでは失礼します。今日も一日、頑張ってください。わたしも、頑張ります！

このメールを送ったのは一〇月三日の早朝六時だったが、新澤さんはハーモニーの開所前の瞬間の時間を使って、メールの返信をしてきてくれた。

嶋守さん

OK！　ものすごくおもしろいですね。やっぱり、幻聴妄想かるたの発掘者だけあります。メールのやりとりの掲載、よいですね

今日はNONさん宅に訪問です。先日、わたしのなかの別の人格が新ちゃんに文句言いたいっていっているから、覚悟してくるようにと宣言していました（笑）

貢物としてRCサクセションのCDをコピーしてもってこいと。「ちょっと困っているから話聞いてよ」っていえばいいのにねえ。「えらいねえ。ずいぶん良くなったねえ!!」と意思表示すると、体をはって「よくなっていない!!　心配しろ！」と返してくるような気がするのです。

ODが祟って横紋筋融解症で足に後遺症が残ってしまった彼女、本当ならばもっともっと支援者に応援してほしいのかもしれません。でも、そうも言えない事情がありそうな気がするのです。

最近付き合い始めた彼がいるのですが、彼との関係では、よくなることがよいことらしい。

よくなれば心配かけずに済むし、立ち上がることができれば料理だって作ってあげられるし。僕には、少し心配してほしくて、彼には大丈夫なところを見せたい。すこし、乖離することもある彼女なのですが、そんなわけで僕への要望を別人格に語らせるのかなと推測していま す。そうだったら、ややこしい（笑）。

では。

自分が置かれている何かしらの恐怖に満ちた現実を否認し、自分の安全や安心感が保証されている視座である新澤さんの目線から物事を語るIさん。そして、新澤さんとの関係も彼との関係も壊したくないがために、別人格に文句を言わせるNONさんについての新澤さんのメールを見ていた私は、ふとこう考えた。

もしかすると、幻聴妄想とともに生きているハーモニーのメンバーさんたちの障がいって、「自分の口からは本音を語れない」、っていうことなのかもしれないな。でも、「自分の口からは本音を語れない」って、多かれ少なかれ、誰にでもあるよね。少なくとも、あたしにはそういうことが多々ある。

相手に面と向かっては何も言えないのに、メールやmixi、あるいは今流行のLINEのデジタル画面には、手軽に本音をぶちまけられたりする。デジタル画面に出現させる「匿名の人格」を利用して、自分の現実の口からは何も語らない。そうすることで、何かを語ることで今後起きてくる現実から逃避できる手段を利用しているというのか。それは「本当の自分ではない」と言い逃れる「匿名の人格」に、語ることの責任を転嫁させている、というのか。

もしかすると、幻聴妄想をメンバーさんに語らせている別人格って、メンバーさんがアタマのなかで自家生産した、メールやmixi、あるいはLINEのデジタル画面でツイートする、天然の「匿名の人格」みたいなものかもしれない。そしてそれは、自力では生き抜けない現実を生き抜くために利用できる、便利な資源なのかもしれない。

幻聴や妄想は感情にキンする起因する。怒り、不安、恐怖、寂しさなどの感情そのものを、思考で阻止する高い知的能力がある。感情を出せば、とめどなくあふれ出す感情で気が狂い、とてつもない行動をしてしまう。それで誰かが不幸になるのではないか、恐ろしい。だから、何も言わない、感じない。そうした感情の抑制が幻覚などの身体症状の原因になっている。(5)

ハーモニーのメンバーさんたちの現実や別人格に、メンバーさんたちといっしょに真正面から向き合って、ともに一生を生き抜いていくために奔走する新澤さんやスタッフのみなさんは本当に大変だ。新澤さんやスタッフのみなさんの日常に、最大限のリスペクトを示したい☆と、新澤さんのメールを読んだ私は、新学期がはじまったばかりで慌ただしく過ぎていく日常を生きるために、その日のオシゴトに取り掛かることにした。

6 お願いだから見捨てないで——結局、メンバーさんにとっての「幻聴妄想」とはいったい何なのか？

二〇一三年一二月二三日。私は、東京の下北沢にある北沢タウンホールにハーモニーのメンバー七人と新澤さん、そしてスタッフの眞田さんとともにいた。

ハーモニーを訪ねたとき、私は自分の研究内容を説明するために、メンバーさんにはドッグレッグスの試合DVDを見せていた。ハーモニーのメンバーのなかにもプロレス好きな人がいて、ドッグレッグスを観たいと言ってくれる人が出てきていた。そこで、ハーモニーのメンバーでドッグレッグスを観戦しようというツアーを新澤さんと企画した。ドッグレッグスの北島行徳代表に相談して、チケットの手配も済ませることができ、ハーモニーのメンバーとスタッフとともに試合観戦ツアーが実現した。

その日のドッグレッグスの興業は第八六回を迎えていて、「アイがアル」というタイトルだった。二〇一一年にドッグレッグスは創立二〇周年を迎え、その年の一〇月八日に開催された「20—2」で、「アンチテーゼ北島」をリングネームとして名乗っていた北島代表は、ドッグレッグ

（5）　黒川昭登・上田三枝子『幻聴・不安の心理療法——人間的理解の必要性』朱鷺書房、二〇〇〇年、参照。

スの最古参レスラーのサンボ慎太郎に圧勝し、引退していた。

私は二〇〇六年の一五周年記念興業から、ドッグレッグスの試合をずっと観てきていた。そこからドッグレッグスを溺愛して、この本を執筆している今もなお、ドッグレッグスを研究している。あまりにその愛が強すぎるせいだ。私は二〇一二年の三月にオーストラリア人のプロデューサー、ヒーズ・カズンズ（Heath Cozens）さんが撮影したドッグレッグスのドキュメンタリー映画にも、サンボ慎太郎の片想い相手として出演させていただいている。

人の縁とは本当に不思議なもので、相手に向け続ける愛と目、つまり「アイ」さえあれば、いつでも何があっても、国籍の違いもカラダの障がいも、偏見すらも越えて、その縁でつながっていられる。そう私が心から信じられるようになったのも、ドッグレッグスのおかげである。

しかし、そんなキレイごとが言えるのも、他人に対してだけなんだよね、という、私にとっては非常に残念な思いがある。障がいも老いも、それを抱えた本人が（私にとっては父）自分の家族にいるだけで、そこで生きていかなければならない毎日は、抱えづらくて向き合いづらい現実になる。

些細なきっかけで、私だって殺意を抱くこともある（時に、一週間もマイコプラズマ気管支炎を疑われた状況で一週間も寝込むという最悪な体調であるようなときには、その思いががぜん真剣味を帯びてきて、我ながらとても恐ろしかったりした）。その本人に毎日献身的に尽くして看ていれば、ある日突然快癒する、なんてミラクルが起きないことが分かっているからだ。けれど、そんな私でも、障がいや老いとともに生きている相手が他人であれば優しくできる。その人と友人になれば、なおさらだ。できるかぎりずっと、そばにいたい、いっしょに笑っていたい、と心から願ってしまうのだ。

私に忌み嫌われている父も、社会福祉のサービスを利用している。そのおかげで、ケアマネージャーさん、ホームヘルパーさん、そしてデイサービスやかかりつけの病院、リハビリセンターのスタッフさんたちが父の話に丁寧に耳を傾けて、献身的にサービスを提供してくれている。家族には怒鳴りつけるくせに、社会福祉のサービスを父に提供してくれる人が、サービスの利用時間をともに過ごしてくれるだけで上機嫌である。父が、笑顔でいてくれる、楽しそうに生きている。それが何より、ありがたいのだ。

けれども、さすがに私の父だ。我が家にホームヘルパーさんが来ていてくれていたから得られていた嶋守家の平和を、父自らが破壊した。何とある日、家族だけでなくケアマネさんにも内緒で、仕事を探して働きはじめたのだ。介護保険のサービス受給者が働ける職場とはいったいどういう所なんだ？

ケアマネさんも頭をひねった。そして、働ける人ではホームヘルパーは使えないからサービスが打ち切られた。家族では話し合いもできないからと、事情を訊ねてくれたケアマネさんに、父は一言、「自由になりたい」と言った。その言葉を受けた母は、離婚届を父に突きつけた。父も、そこにサインをした。けれど、その離婚届はまだ提出されずじまいだ。

熟年であれば、まだ人生をやり直せるのかもしれない。しかし、老年まっただ中、夫婦が別れれば、まったく暮らせなくなるという現実は、熱意だけでは越えられない。

マジンガーペットさん（写真撮影：齋藤陽道）

さて、ドッグレッグスの興業も大盛況のうちに大成功したあと、私は小田急線沿線の駅前にあるデニーズでメンバーたちとテーブルを囲んでいた。私はメンバーたちに「今日はどうだった？」と訊ねた。すると、私がハーモニーで行ったミーティングで、自分を「マジンガーペット」と名乗ったメンバーさんがこう言った。

「あれだけ、障がい者が障がい者であることを見せつけてもいいんだって、何だか自信がもてました」

その言葉を聞いた新澤さんが、途端に涙目になった。その新澤さんの表情から、マジンガーペットさんに優しい眼差しを向けて、愛情深く、ずっと寄り添っていた新澤さんの「アイ」を、私は見たような気がした。本気で泣きそうな新澤さんの顔を見た瞬間、「ああ、そういうことなんだ」と、私のお腹の奥が急に温かく感じられた。

「そういうこと」としてやっと分かったことを難しく言えば、ようやく腑に落ちたのだ。頭や字面だけで分かった気になっていたこと。それは、私は新澤さんにもらっていた、「ハーモニーのメンバーにとっての、幻聴・妄想って何なのか」ということについての返答だった。新澤さんのメールには、次のように書かれていた。

幻聴や妄想ってなんだろうて、お尋ねでしたね。

時々、幻聴や幻視の体験、妄想的な訴えについてどんな風に対応すればいいのかと聞かれることがありますが、正解があるのかどうかわかりません。たとえ話として「仲の良い友人が遠い異国の旅から帰ってきて、見知らぬ町の話をしてくれている。自分の経験から類推できる話もあれば、まったく想像を超えたこともあるけれど、話してくれているということがうれしいので、まずは耳を傾けます。自分についていえば、そんなふうに聞いていると思います。」と答えることが多いです。それは僕の立ち位置からの聞き方です。ご家族であったら別かもしれません。

どちらかといえば話を聞くのが好きなんだと思います。受け流すと言うのは実にもったいない。興味や関心を持って聞きます。なにより僕たちは一年の大半を彼らと同じ場所で過ごしているわけです。作業所を始めて感じたのは、妄想にまつわる話を無視することなんかできないんじゃないかということでした。

大事なのはそれが「語られた体験」であるということです。その内容はともかく、なによりそれが僕にむけて語られている。僕に何を伝えようとしているのだろう。僕の心にどんな痕跡を残し、感情の波を送りたいのかな。何かの焦燥感なのか、苛立ち、自信、安堵感、不安…。それともSOS?

ハーモニーには様々な人がいます。「ねえ、聞こえる。あっちの部屋で俺の噂話をしてるんだ。俺が昨日、考えたエッチなことをみんなで噂しあって、人を笑いものにしているんだ」と話してくれた人がいます。時には「俺の頭の中に機械を備え付けた奴がいて、考えていることが流出してしまうんだ」と頭を抱えたり、「俺の考えていることをのぞいて、笑っているんだろう!」と隣の部屋まで怒鳴り込んでいったりするのです。みるからに辛そうでした。

その彼と一年以上、「頭の機械」について、飽きることなく話し合っていました。その機械はどうやって据え付けられたのか、どうしてレントゲン写真に写らないのだろうかとか。

いっそヘルメットでシールドしたら、電波が飛んで行かないね、とか大真面目に議論しました。「今日の頭の機械の様子」は僕と彼の毎日の共通の関心ごとになりました。少しずつ僕らは「頭の機械」だけでなく、家族のことや将来のことを話し合うようになりました。

プライバシーの流出で思い出すのは「べてるの家」の「当事者研究」の中にある「サトラレはサトラセである」というのエピソードです（向谷地生良『技法以前　べてるの家のつくりかた』医学書院、二〇〇九年）自分の心のなかの情報が、テレビや新聞ばかりでなくあらゆるところに漏れ出して苦しんでいた女性がいるのですが、ネット上の掲示板に個人情報を書き込んでいたのは実は彼女自身であったというわけです。

自分と言う存在が誰にも知られず、必要とされていない、という孤立感から自分を救うために、自分からサトラセていたことが当事者研究の末にわかったというのです。

ハーモニーのメンバーが遭遇した個人情報漏洩も同じような「反転の技」（同書一四六ページ）が関係している気がするのです。「頭の機械」のことが、僕に語られ、僕を通じてハーモニーの中で知られていくにしたがって、彼の訴えは少しずつ減っていくように思われました。

また別のハーモニーのメンバー、マジンガーベット氏はプライバシーを覗かれていることを逆手にとりました。この彼は昔の女友達に自分のすべてが盗撮されて、放送されていると

Column 7

ナカムラさんのお部屋
（Facebook「幻聴妄想カルタとハーモニー」2013年7月1日より）

一昨年、ハーモニーから飛んでいってしまった中村さんの部屋です。今日、大家さんとお話しした結果、新たにハーモニーのメンバーに貸していただけることになりました。

不動産屋さんが、「何かあったら私とこの施設長が責任持ちますから！」とお話してくれて、なんと保証人なしで。

様々な思いが去来して、胸の熱くなるような一日でした。

写真は、中村さん宅に現在暮らしているNONさんとパートナーさんです。とても仲睦まじいカップルです。料理上手なNONさん宅で、私は何度かごちそうになりました。（笑）

NONさんとパートナーのJくん

言います。普通なら煩わしいはずのプライバシーの漏洩を彼は喜んでいるようにすらみえます。喫煙室の椅子に座って彼がアナウンサーのように喋っているのは、自分の世界へのメッセージを彼女の手によって放送してもらっているからなのだというのです。試行錯誤の末、彼は毎日、社会に対する思いを「サトラレ」のメカニズムを活用して、積極的に世界に発信しているというわけです。

人の心のメカニズムには驚嘆するばかりです。病気の苦労である「妄想」は、また彼らが周囲と交流し、孤独を救うための手立てでもあるのですから。

それを考えると、服薬のおかげで幻聴が消失したことを悔やんだり、幻聴に騙された話を何か自慢そうに語ることも合点がいくのです。

このメールをいただいたあとも、ハーモニーの皆さんは私に「いつでも、逃げて来ていいよ」という居場所をくださった。そして、二〇一四年二月一四日〜一六日に開催された「新・幻聴妄想かるた」のお披露目会では、講演もさせていただいた。当日の会場はかつてなかったほどの豪雪に覆われたのだけれど、私が講

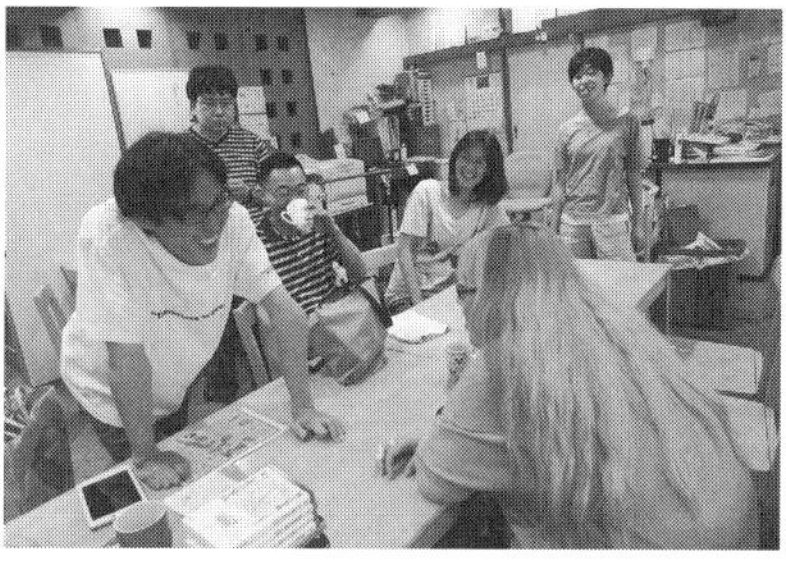

ハーモニーの事務所風景

演したその日には太陽がのぞき、暖かい陽射しと、メンバーさんや来場してくださった方の笑顔が会場を包み、とても素晴らしい時間をくれた。(6)

一番嬉しかったのは、ハーモニーの「のんこちゃん」というメンバーさんが、講演が終わったあとに新澤さんに手をひかれて、「せんせぇのお話し、とてもよくわかったの」と言ってくれたことだった。

幻聴・妄想についてはもちろん、いろいろな専門書や学術書にそれがなぜ起きるのかについて、たくさんのことが書かれている。けれど、その幻聴・妄想とともに生きる人がどんな人で、見えたり聞こえたりはなかなかできないその内容がどんなものなのかを聞くことはできない。けれど、『幻聴・妄想かるた』で遊んでみると、遊んだ分だけ、「このかるたを書いた人たちはいったいどんな人なんだろう?」とか、「このかるたをつくった人たちとお話ししてみたいな」と、なぜか優しく思うことができる。

そんな思いでいられるから、私は時間ができればすぐに、ハーモニーのメンバーに会いたいなと思って出掛けてしまう。そして、ハーモニーで私がしていることと言えば、自分の家族や私の疑似家族の一つ、大学で受け持っている愛してやまないゼミ生さんたちに対してしていることとまったく変わりがない。ハーモニーの中に入って、気づくとエプロンをしていてキッチンに立っており、その日の昼ご飯をハーモニーのみんなのために心をこめてつくっている。そんな私に、ハーモニーのみんなは個性豊かで面白い言葉を思い思いにかけてくれる。朝、メンバーさんの一人、佐々ピーが事務所に入ってきて、私の所にやって来るなり、

「よっ！　夏してるね」

と、おもむろに声をかけてきたと思ったら、マジンガーペットさんが突然、

「しまもりさぁん。今日はしまもりさん、浮気な人妻のシルエットですね」

と、突然声をかけてくる。幻聴・妄想かるたを創るだけあって、メンバーさんの言葉のセンスときたら一級品だ。メンバーさんたちといっしょにいるだけで、私は本気で笑って泣き、本当に幸せすぎる時間をみんなから分けてもらっている。

メンバーさんたちは、自分の家族ではないのだけれど、自分の家族や親戚のように、心から優しくしたいと思ってしまう。二〇一四年八月二四日は、イベントで「幻聴妄想カフェ」なるメイドカフェを出展し、そのプロデュースも新澤さんから仰せ

（6）二〇一四年二月一六日に開催された「新・幻聴妄想かるたとハーモニー展」で、ミニ講座「社会学から詠む、幻聴妄想かるた〜実存浮遊しながら〈社会〉に留まる方法」を行った。

ハーモニーに入ってくる佐々ピー

つかった（当日メンバーが着たメイド服は、全部私の自前だ。大学の教員を一〇年も続けているので、毎年の大学祭の模擬店のために用意するさまざまなコスプレの衣装があり、私が所持する服だけでメンバー分の衣装は充分に賄えた）。きっと、幻聴妄想カフェも、大学祭のように楽しくなるに違いない。なぜなら、私がメンバーさんたちの笑顔が見たいから、とこのとき思った。

これからもこんな風にずっと、きっと死ぬまで、ハーモニーのみんなとはいっしょにいたいと思うんだろうな。本当にありがたいことである。

いつかは私の父母もこの世からいなくなっていて、私自身が孤独になっているのかもしれない。けれど、ともにいたい、と思える人がハーモニーという温かくて優しい場所にいてくれるんだと思えるだけで、今、生きている毎日を頑張ってみようかな、と思えたりもする。

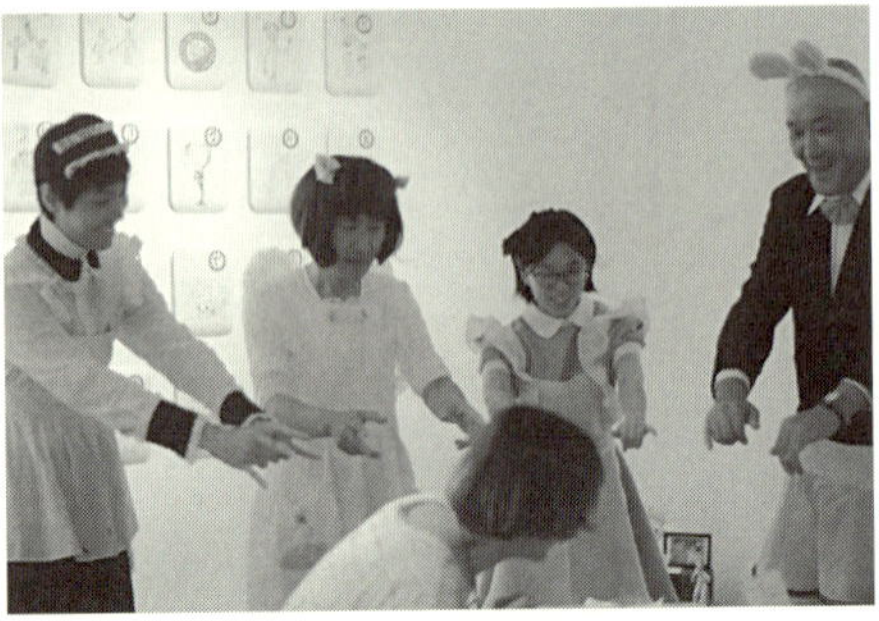

幻想妄想カフェ当日の様子（写真撮影：松本典子）

第3章

音楽と福祉

——即興楽団UDje《うしゃ》( )と《ユニバーサルデザイン》

釜ヶ崎でのうじゃ（写真撮影：岡本マサヒロ）

1 釜ヶ崎に、やって来た！

大阪市西成区、花園北一丁目、萩之茶屋一・二・三丁目、太子一・二丁目、天下茶屋北一丁目、山王一・二丁目からなる〇・六二平方メートルの人口密集地帯。最大時、三万人（現在一万人程度）の日雇い労働者が住み、今も毎日五〇〇人近くが野宿を続け、凍死、病死などで路上死している。

一九六一年、交通事故死した労働者の遺体に警察官が筵《むしろ》をかけたまま放置したことに、犬猫の扱いだとした労働者が暴動を起こした。それを契機に、行政による労働・福祉・教育の各種施策が展開され、一九六六年には大阪府・大阪市・大阪府警察本部が構成する三者連絡協議会によって「あいりん地区」と名づけられたその場所が、「釜ヶ崎」と称されている。

もともとは旧西成郡今宮村釜ヶ崎という小字名であった釜ヶ崎は、現在インフォーマルな呼称であり、あいりん地区のように明確な境界線はない。

二〇〇〇年ごろから、民間の支援団体による粘り強い社会運動により、この地区の日雇い労働者たちへの生活保護の適用が進んだ。二〇一二年には、「釜ヶ崎の住民の三分の一に相当」する約一万人が生活保護受給者となっている。その数値はあいりん地区の二・六人に一人に相当し、西成区全体の生活保護受給率である二三・五パーセントを占めている。

一九七〇年に開催された大阪万国博覧会に向けての建設需要に応じて、全国から釜ヶ崎に単身男性日雇い労働者が流入した。高度経済成長期からバブル経済期にかけて活況を呈していた釜ヶ崎もまた、一九九〇年代前半より景気低迷、工法の機械化、日雇い労働者の高齢化により求人が激減し、労働者のなかには野宿生活を余儀なくされる者もいた。

高齢化が進む現在、西成区の六五歳以上の割合は三四・五パーセントであり、大阪市二四区で最高だという。進行する「社会的孤立」、「無縁社会」における高齢単身者の調査も、あいりん地区では闊達に進められている。調査結果では、生活保護受給者の約一割が保護開始五年以内に死亡しており、その約半数が自宅での死亡・遺体発見であった。

孤立はまた、別の社会問題を生んでいる。二〇一〇年のあいりん地区で摘発された容疑者のうち、生活保護受給者が一四五人（密売人も含む）で、全体の三〇パーセントだった。「仕事や地域とのつきあい」をなくした生活保護受給者は「生きがい」をなくし、覚せい剤、あるいはギャンブルやアルコールが「唯一の友」になってしまう場合もある。そして、二〇一一年には、釜ヶ崎で日本最大の賭博場が摘発された事件があった。

「ドーム」と言われる大きな賭場で生活保護受給者に炊き出しをして、賭博に引き寄せる。ヤミ金融に行って「一〇日で一割」の利子でお金を借りはじめ、翌月の保護費が入るとそれを金融屋に持っていき、炊き出しに通いはじめる。こうした賭場とヤミ金業者のために、生活保護を受けているような状態になる。

　このように釜ヶ崎について文献調査をすれば、こうした記述がいくらでも見つかる。[1] けれども、東京で育ち、名古屋で暮らす私は、釜ヶ崎やあいりん地区について、体験や体感としてまったく何も知らなかった。たぶん、孤独死の看取りついての調査をしなければ、一生足を踏み入れることもなかっただろう。

　そんな私が釜ヶ崎にやって来た。東京の世田谷区にあるハーモニーで、私は即興楽団UDje( )《うじゃ》に出会った。そこに、「猫くん」と呼ばれる釜ヶ崎の元ホームレスの青年がいた。

　聞けば、即興楽団UDje( )《うじゃ》は釜ヶ崎で活動しているだけでなく、猫くんのほかにも釜ヶ崎で暮らす元アルコール依存症者がメンバーとして活動しているという。驚いたことにその人たちは、「うじゃ」(以降、即興楽団UDje( )と表記すると長いので「うじゃ」と記す)でジャンベという太鼓を叩き続けるうちに「酒を辞めてしまった」と、本人は言う。

　太鼓叩きでホームレス支援かぁ、凄いなぁ。そう思った瞬間、私は「うじゃ」の団長であるナカガワエリさん(私は「エリちゃん」と呼んでいるので、ここからは「エリちゃん」と記す)に、次の釜ヶ崎での活動はいつするのかと訊ねていた。エリちゃんは、「うじゃ」は毎年のお盆に釜ヶ崎で活動していること、そして二〇一三年の釜ヶ崎の夏祭りに参加する、と教えてくれた。

よし、行こう！　孤独死の看取りを研究するならば、釜ヶ崎でも絶対に調査しなければならない。私は釜ヶ崎を知らない。何も知らないからこそ尚更、私は釜ヶ崎に行かなくてはいけない。そう、何も知らなかったからこそとても知りたくなったのだ、釜ヶ崎を。そのきっかけをくれたのが「うじゃ」だった。

2　即興楽団UDje（うじゃ）、登場――まずは、「うじゃ」ってみよう！

二〇一三年六月二三日、私は初めて釜ヶ崎を訪れた。「うじゃ」が月に一度、大阪で行っているワークショップ〝「うじゃる力」を模索する！〟(2)に参加するためだ。

その日の午前中、私は「ＮＰＯ法人Homedoor」が主催する「釜歩き」に参加して、初めて釜ヶ崎の町を歩いた。あいりん総合センターを通り過ぎた所で雨が降ってきた。空を見上げていると、泥棒市のおじさんが話しかけてきた。

---

(1) 山田假奈代・西川勝・白波瀬達也・石橋友美「『無縁社会』における高齢単身者の死に関する研究：大阪市西成区釜ヶ崎を事例として」二〇一二年。生田武志「釜ヶ崎と『西成特区』構想」『現代思想』40（6）、二〇一二年。白波瀬達也「あいりん地区における単身高齢生活と死―弔いの実践を中心に―」『現代宗教二〇一四』二〇一四年。

そのおじさんに、「傘、ある?」と訊ねると、「あるよー」とおじさんは言って、一本一本傘を取り出してはきちんと開いて確認してくれたあとに、一番キレイな傘を「一〇〇円」と言って売ってくれた。すると、別のおじさんが、「ねぇちゃん、それいくらで買うたんかー?」と話しかけてきたので、「ひゃくえんー」と答えると、大層驚いたふりをしながら大きな声で「ねぇちゃん、金持ちやなぁー」と言った。

また、別の日の夜に釜ヶ崎(3)を歩いて分かったことだが、そこからしばらく歩いた所にある飯場の近くで「ちんちろりん」をしている集団がいくつかあった。近づいて見ようとしたが、その人たちと「目を合わせたらいけない」と、釜歩きの案内人のオカモトマサヒロさんに注意された。

三角公園に到着すると、公園にかけられた小屋で生活する人が膝で赤ちゃんをあやしていた。公衆便所の臭いは予想どおりだったけれど、赤ちゃんを抱く人の優しい笑顔に驚いた。

ライブハウスの「難波屋」を過ぎて、市立更生相談所に着くとオカモトさんは、「ここには、労働者の人たちが少しでもお金が貯められるようにつくられたあいりん銀行が、少し前までありました」と説明した。すると、釜歩きに参加していた人が、「利子は、どれくらいつくんですか?」と訊ねた。ここは、市が労働者の更生の相談にこたえるためにできた銀行なのだから、利子などつくはずはないでしょう!

目を丸くした私の横で、オカモトさんが一瞬呆気にとられて息を呑んでいた。そして、「ここは、いわゆる銀行というものとは異なりますから」と丁寧に答えていた。その参加者は釜歩きの最後で、「街歩きが趣味なので、釜ヶ崎にずっと来たいと思っていたので参加しました」と言った。釜ヶ崎を歩くのは、自分の趣味のためだと悪びれずに答えられる。何だかとても残念な気がする。私はかなり醒めた思いで、そうした参加動機を聞き流した。

飛田新地や遊女塚、いくつものお宮さんに手を合わせて巡り歩いたあと、「午後は『うじゃ』のワークショップに参加します」という私の言葉に、「では、このあたりの芸能にちなんだ場所を中心にご案内しましょう」と、オーエス劇場、三本立ての映画が上映されて一晩過ごせる映画館、そして上方演芸発祥の地「てんのじ村記念碑」を見上げたあとに、上沼恵美子さんのお師匠さんやミヤコ蝶々さんが暮らしたという演芸街の通りを練り歩き、その日の釜歩きを終えた。

（2）　理事長：川口加奈。住所：大阪市北区中崎西１－４－22　梅田東ビル２０７号室。TEL：06-6147-7018。「釜歩き」に参加した折にいただいたパンフレットによると、同法人は二〇一〇年、ホームレス問題を解決するために、ホームレスの就労と自立の場を同時に提供していく「HUBchari」事業を開始した。「HUBchari」とは、大阪市内に点在するいくつかのＨＵＢポートのどこで自転車を借りても返してもよいレンタサイクルの進化版である。活動は「ハートネットＴＶ、シリーズ未来へのアクション　file13 ホームレスを生み出さない日本へ！」（二〇一三年五月二八日、ＮＨＫ放映）でも取り上げられた。

（3）日本の伝統的なサイコロ賭博。数人程度で車座に座り、サイコロ三個と丼を用いて行う。親からサイコロを丼に投じていき、勝敗に応じて配当が親と子との間でやり取りされる。

「今日は僕、用事があって、『うじゃ』のワークショップには行けないんですよ。会場がどこにあるか分かりますか?」と、オカモトさんが言った。そして、新今宮駅から「うじゃ」のワークショップの会場までの行き方を丁寧に教えてくれた。

「行列のできる人気のラーメン屋の向かいにありますよ」

オカモトさんの言葉を頼りに、私は通天閣を斜めに見上げながら堺筋を真っすぐに歩いた。お昼で腹が空いてきたので、会場に行く途中、食堂でビールを飲みながらおでん定食を食べた。安いだけでなく、出汁がしみた厚揚げも、じゅうと香ばしく音を立てる揚げ立ての串カツも本当に美味しくて驚くばかりだった。

お腹を満たしたあと、さらに堺筋をぐんぐん歩いた。浪速警察署の角を左に曲がり、今宮戎駅を通り過ぎると、オカモトさんが教えてくれたとおりにラーメン屋さんの長蛇の列があった。通りの向こう側に目を向けると、太鼓の音が響いてくる白い建物があった。そこが大阪の「うじゃ」のワークショップの会場、「日常生活支援ネットワーク　パーティ・パーティ」だった[4]。

自動扉を指でこじ開けて中に入り、受付で参加費を払った。すると、カーペット敷きの床の上で大の字で寝そべっていた可愛い女の子が私に抱きついてきた。「うじゃ」の団長、ナカガワエリちゃんだった。私はエリちゃんのか細いカラダを抱きとめて、「ほら、ちゃんと約束どおりに来たよ」とささやいた。

ワークショップの構成

会場に並べられた丸椅子に腰かけて時計を見ると、ワークショップがはじまる二〇分前だった。エリちゃんは西アフリカの太鼓「ジャンベ」を脚で抱え込むと、参加者たちにジャンベの叩き方を教えはじめた。

「真ん中を叩くとドゥン、大地の音。小さい前習えをしてそのままで届く場所を叩いたところがティ、水の音。手前を強く叩けばカッ、火の音。うじゃの定番のリズム、〝マクル〟を刻みます。はじめはゆっくりね」

（4）　代表者：柿久保浩次。一九九六年設立。住所：大阪市浪速区敷津東3－6－10。TEL：06-6649-0455。介護派遣部門「パーティ・パーティ」、介護保険ケアプランセンター「ぱーてぃ3」、障がい当事者支援「ぽらん・ぽらん」（浪速区障がい者相談支援センター）、障がい者デイサービス・生活介護「ほっこり倶楽部」児童放課後デイサービス「しきつの杜」、福祉有償運送事業、社会教育事業を行っている。

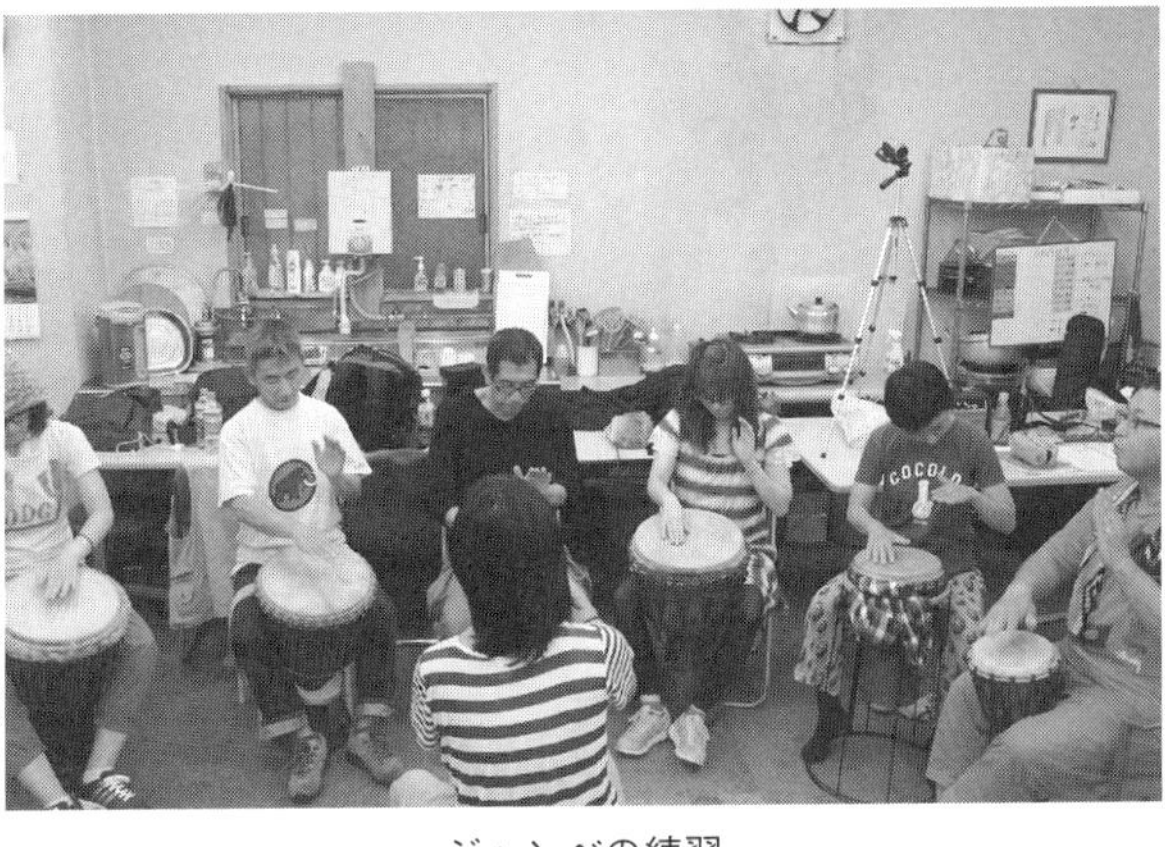

ジャンベの練習

ドゥティッティ、ドゥンッ、カッ、ドゥッティ、ドゥンッ、カッ！ ドゥティッティ、ドゥンッ、カッ、ドゥッティ、ドゥンッ、カッ！

ジャンベを叩くエリちゃんのカラダが、太鼓の音に合わせてどんどん力強く弾けていった。だんだん速くなっていくリズム。不思議なもので、それぞれの参加者が叩くジャンベの音にどんどん個性が出てきた。響きわたる音がまるで、日常の檻から解放されてサバンナを力いっぱい駆け巡る動物たちの足音のようだ、と私は思った。ジャンベが出す音があまりに力強くて、自由だったたから、私の目からは涙が出そうになっていた。

ワークショップがはじまった。参加者たちが円陣を組んで座り、おなかの底から大きな声を出していった。立ち上がると、参加者たちは部屋中を歩きはじめた。互いにぶつかる寸前でカラダをくるりとターンさせるそのステップは、それだけでダンスのようである。

再び円陣を組んで座ると、今度は四人ずつ、エリちゃんから指名されて前に出た。息と声の音で即興の演奏をするようにと、エリちゃんはその四人に指示を出した。その途端、参加者たちはプレッシャーで

ワークショップ１（身体の解放）

ワークショップ２（息と声による即興）

Column ⑧

うじゃのワークショップ（ナカガワエリ団長より）

うじゃ企画のワークショップも他の施設でのワークショップでも、そのひとの特徴を個性、強みとして、みんなで認め合い、ちょっぴり自信をもって欲しいということです。そこから次の段階でできることを探していきましょう、そしてうじゃりの場（イベントやワークショップ）で活躍してもらえればと思っています。あつまるひとや場所、参加者の興味や、経験によって内容はかわることがあります。

一般対象のワークショップ（“うじゃる力”を模索する！）

・心と身体をかいほうする。
・即興アンサンブルを通じて他者とのかかわり方（通常しているコミュニケーション以外の）を模索する。
・参加者の特徴をそのひとの個性、強みとし、うじゃりの場で活躍してもらう。仲よくなる。仲間をつくる。
・ひとりひとりのできることを増やしていけるような場つくり。
・わたしたちの新たな芸能。うじゃ芸能をつくる為の模索。

その他の施設でのワークショップ

・心と身体をかいほうする。
・利用者×利用者、職員×職員、利用者×職員の非日常性の実現と関係性の逆転。職員に向けてのワークショップという一面もある。大人や支援者の雰囲気を利用者は受けやすいので、まずは大人や支援者に元気になってもらいたい。
・普段できない子、だめな子とみなされているひとになるべく注目し、かっこいいじゃんと思われるよう。
・ひとりひとりのできることを増やしていけるような場つくり。

息すら吐けなくなるような空気に呑みこまれた。歯切れも悪く、苦笑いを浮かべる参加者もいた。

私の順番になった。少し考えた――そうか、言葉も声だ。私はグループのメンバー一人ひとりの目を見つめ、語りかけてみた。

「無理に音楽を奏でようとしなくたって、いいんだよね」

その言葉で、メンバーたちの表情が一瞬で柔らかくなった。温かな空気に包まれて、メンバーたちは安心したように笑顔になった。嬉しくなった私は、たまらず声を立てて笑い出した。今度は笑い声がメロディーになった。

メンバーたちが私の笑い声にそれぞれの声音や息の音で呼吸を合わせると、その音たちが美しいハーモニーを響かせた。相手の呼吸から立てられる音、声。それらを一つも聞き逃すまいと耳を真剣にそばだてて、相手に対して「あなたの音を聴いているよ」という反応が何らかの形になるようにと、自分がそのときに出せる音や声で本気で相手に返答していく。

相手にそれが伝わった気がした途端、相手から何かしらの返答や反応が必ず戻ってくる。それを幾度か繰り返しているうちに、一緒に音を奏でているメンバーが心から信頼できる仲間のように感じられた。メンバーの会話がそのまま音楽になっている。そんな気すらした。それはとても温かくて、とても優しい。

「お水を飲んで、休憩しましょう」

ワークショップの小休止のために、エリちゃんが参加者たちに声をかけた。けれど、音が止んでいたのはほんの数分で、参加者たちは部屋にあった楽器から弾きたいものを選んで自由に音を出しはじめていた。音たちがどんどん重なっていくだけで、音楽になっていた。その音色にあわせてエリちゃんは、ジャワ舞踊を花のように舞うワダちゃん、「大阪うじゃ」のメンバーである猫くんとナオキくんの手をとり、四人で踊りはじめた。私をはじめとして、そこに集ったメンバーたちは初めて会ったばかりだというのに、全員「うじゃ」へと巻き込まれて、それこそう、じ、ゃ、う、じ、ゃ、になっていった。

参加者はみんな本当に楽しそうで、幸せそうに笑い、キラキラと輝いていた。

ワークショップのふりかえり

最後に参加者が円陣を組み、その日のワークショップをふりかえり、そこで起きたことについての分かち合いをした。それぞれの参加者がそこで初めて、どんな境遇のもとでどんな思いを抱いているのかを語りはじめた。

「三月までパーティ・パーティで働いていました。久しぶりに自由な時間を幸せに過ごしています。仕事をしていたときよりも心が柔らかく、居心地がよく、すべてが栄養になっている気がします」

「知っているメンバーたちの知らないところが見れてよかった」

「初めて釜ヶ崎を歩き、釜ヶ崎は芸能に造詣が深く、芸能の町であることを知りました。自分もバンドでドラムを叩いていますが、最初の人間の楽器が声で、その声を出せない人間たちが打楽器を使ったのではないかと思っています。釜ヶ崎でR＆Bのルーツを知れた気がしました」

「うじゃ」の大阪メンバーの美穂ちゃんとはばおくん、そしてこの日、私といっしょに初めてワークショップに参加した福田くんがその日の感想を発表した。福田くんは、私が一五年前に勤めていた精神保健福祉士を養成する専門学校で出逢った最初の教え子である。

そのあと、大阪の「うじゃ」のメンバーである釜ヶ崎のおっちゃんたちが感想を言いはじめた。彼らはいわゆる、釜ヶ崎の労働者だったおじさんたちで、今や社会福祉サービスの利用者さんたちである。もちろん、ホームレスだった猫くんもワークショップの感想を口にした。

「最後のダンスがよかったで〜す。以上で〜す」と、猫くん。

「昔の自分に戻れてよかった」と、登さん。

「太鼓をたくさん叩かせてもらってよかった」と、星さんが感想を口にした。

その声に続いて、大阪の郊外で農家をしているというナカノさん、劇団「態変」で事務をしているというワダちゃんが続き、西成の実家に里帰りをしているシライシさんは、即興劇団の女優さんだと言った。

そして、これまでに「うじゃ」が招待されて、ワークショップをしてきたという社会福祉施設の職員さんたちが思い思いに感想を述べていった。本当にいろんな人たちが「うじゃ」の即興音楽という不思議な縁で、そこに集っていた。

最後に、エリちゃんが感想の言葉をみんなに伝えた。

「うじゃのつくりだす音は音楽の根源。それは贅沢な遊びだなといつも思っています。カラダや声っていう、ただその人がもっているものだけで、こんなにみんなとつながれて、こんなにみんなで楽しめるとは、なんて贅沢なんだろうと。ここから生まれる、ここにしかない何かを目指しながら、新しいモノを生み出せないか。とにかく長い目で、ここから発生していく文化をつくりたい。みんなでいろいろと持ち込んで、いろいろ実験していきたいです」

エリちゃんの一つ一つの言葉には真剣で真摯な生き方と姿勢が感じられて、大きな力がうねうねと湧き出ているようだった。

即興楽団 UDje( ) 団長、ナカガワエリ（写真撮影：増田秀雄）

3 エリちゃんは猛獣使い

もともとは東京の多摩地区で活動をはじめた「うじゃ」が大阪でも活動をしはじめ、その活動が「大阪うじゃ」につながった背景には、二〇一一年の扇町公園での公演を観て衝撃を受けた釜ヶ崎のおっちゃん三人組の活動があった。

エリちゃんいわく、当時のおっちゃんたちには、コミュニケーションをとろうという姿勢がまったく見られなかった。だから、やはりエリちゃんも、最初はおっちゃんたちが「怖かった」と言った。

エリちゃんは、おっちゃんたちと目を合わせて、手拍子を交わすことからはじめてみた。おっちゃんたちは、その手拍子をエリちゃんに返した。その音がリズムを刻み深まるに従い、おっちゃんたちはエリちゃんの言葉に耳を傾けるようになった。相手の話すことを聴こうとする姿勢が、音楽で自然にできていった。今ではそのおっちゃんたちがエリちゃんといっしょに「うじゃ」で即興音楽を奏で、優しく会話し、活動を重ねて笑っている。孤独だった釜ヶ崎のおっちゃんたちが、「うじゃ」とつながっているのだ。

ワークショップを終えると、参加者全員で楽器を会場から運び出してタクシーに載せた。タク

Column 9

大阪交流（「うっじゃーナル」5より）

2011年3月11日の東日本大震災をきっかけに、移住、今後の生き方を改めて考えるようになった団長ナカガワエリは「まずは自分たちが幸せにならないとだめじゃん」ということで、どこに行っても暮らしていけるような土台作りをおこなうべく、知人の紹介もあり、いざ大阪へ。

そこでつながった縁から11月23日、大阪・扇町公園でおこなわれる「ずーっと続けてく被災障害者支援　東北⇔関西ポジティブ生活文化交流祭」のステージ出演が決定。このイベントで、即興楽団 UDje( ) は大阪で衝撃的デビューを果たす。このライブに魅せられた人たちが、今現在、大阪で中心になっているメンバーである。

同年の年末年始におこなわれた、大阪釜ヶ崎での「越冬闘争」のイベントなどをきっかけに本格的に大阪〜東京の交流が始まり、大阪で開催されるイベント、ワークショップに東京からの参加、またその逆もある。交流が始まって以来8月のお盆の時期に即興楽団 UDje( ) は大阪に集結し、東西の大交流会も行っている。2013年は「うじゃのお盆さん東西大交流会」とし、東西交流ワークショップ、釜ヶ崎への夏祭りへの出演以外に「うじゃシンポジウム」も開催し、筆者もシンポジストとして参加した。

（写真撮影：岡本マサヒロ）

シーは「大阪うじゃ」の事務所である登さんの家(5)に向かった。登さんは、釜ヶ崎のおっちゃん三人組の一人だ。午前中に参加した釜歩きで、私はその登さんの部屋にほかの参加者とともに上がらせてもらい、少し話を聴かせてもらっていた。

登さんは岡山で生まれて大工になり、自衛隊を酒のせいで辞めたあとに釜ヶ崎にやって来た。一九七二年ごろから釜協（釜ヶ崎地域合同労働組合）で活動し、今や釜凹バンドで歌う六二歳だ、と名乗った。

その登さんの家でワークショップに参加したみんなで語り合おうと、登さんの家の近くにある三角公園まで戻った。その途中のことだった。私はワークショップの参加者たちと、JR新今宮駅前の大きな交差点で信号が変わるのを待っていた。通りの向こうには、西成労働福祉センターの建物をぐるっと囲み、大勢のホームレスさんたちが行列をつくっていた。

「炊き出しかな？」という私の声に、「大阪うじゃ」の星さんが、「シェルターに泊る順番を待っているんだよ。あんだけの人数でもシェルターに泊れるんだ」と教えてくれた。星さんのしゃべり方が銀髪の金八先生のようだったので、「金八《きんぱ》っつぁんていうか、銀八《ぎんぱ》っつぁんだね」と私が言うと、星さんは私を横目でギロリと見返して、「ハッハッハ」と大声で笑った。

「大阪うじゃ」の事務所に着いて、積み上げられたたくさんの楽器の横で、五〇〇円ずつ出し合った資金をもとに買った、焼き鳥、焼きそば、揚げギョウザ、枝豆、フライドポテト、そして発泡酒とチューハイで乾杯をした。私は釜ヶ崎で知り合えた仲間たちと、同じテーブルを笑顔で囲めたことが本当に嬉しくて、ずっと笑っていた。

　そんななか、「大阪うじゃ」のメンバー、釜ヶ崎のおっちゃんである登さんと星さんが「大阪うじゃ」の誕生話を聞かせてくれた。

「扇町公園での『うじゃ』では、障がい者にスティック持たせて叩かせてた。そこにいる人間を巻き込む凄さに圧倒されて。帰ってすぐに、アマゾンでジャンベを買《こ》うた。夜中の三時過ぎまで、毎晩ジャンベを叩きまくってたから、近所迷惑の苦情が来てなぁ。初めは『大阪うじゃやー』って言ってふざけてたら、『うじゃ』といっしょに活動できるようなって、本当に『大阪うじゃ』になった。おっさんの青春やね、おっさんらの熱病。自分からは変えれん人を変える、そういうマジックが『うじゃ』。エリちゃんは、おっさんらを変えた。ほんま、猛獣使いやな」

　そう語った星さんは、急に熱のこもった目をして私のほうを見た。

「それはそうと、映画を撮りたいんや、釜ヶ崎物語。悩み、弱みを描きたい。原作、書かへんかー、釜に調査に来たんやろ。登さんが釜で生きてきた話は、めっちゃくっちゃおもろいで。登さんを取材して書いたらええねん。どや？」

（5）　現在、大阪うじゃの事務所は大阪市此花区に移転している。

「登さんの取材はさせてもらいたいんですけど……小説書いたことなんてないですよ、あたし。小説、書けないですよー。本当はものすごく書きたいんですけど」

そう答える私に、「せやったら、書いたらええねん。書いたらそれ、映画にしたる。約束や、な」と力強く言った星さんに、私は握手をせがんだ。星さんはその手を力いっぱい握り返してくれた。

星さんと握手できることもとても嬉しかったけれども、それ以上に、釜ヶ崎のおっちゃんが私に夢を語ってくれたことに感激してしまった。

「いいですよ。必ず、書きますよ。『釜ヶ崎物語』、約束します」

そう答えながら私は、これが酒に酔った勢いでもいい、星さんの願いと夢を託してもらえたことが嬉しくて、私は星さんの手をさらに力強く握り返した。いつか、星さんと私の二人の夢が叶うことを心から願いながら。

釜ヶ崎で歌うエリちゃん（写真撮影：岡本マサヒロ）

4 入り口は福祉じゃなくていい

「その、『大阪うじゃ』をつくったおっさん三人っていうのは、登さん、星さん。そして、そこにいる猫くんなの？」と私が訊ねると、「違うよ。もう一人は、南さんっていうの」と、エリちゃんは答えた。南さんはアルコール依存症者だった。「大阪うじゃ」で活動をしはじめて、内輪のメンバーだけでなく、さらに活動の輪を広げようとしていたときだった。エリちゃんにとって「一番困ったのは、内輪の人間たちだけで盛り上がっているせいで、新しい人が『うじゃ』に入れないこと。もっともっとみんなでやろう、うじゃの力で世界平和しようって。みんながさらに楽しくなれる、新しい居場所ができればいい」ということだった。

そんなことを毎晩、「大阪うじゃ」で一晩中、大真面目に話していた。けれど、最終的にはお酒の酔いのせいで毎回言い争いになり、最後は取っ組み合いのケンカにまでなったらしい。

「一年半、一緒にやっていて、お酒飲んでて覚えてないと逃げられると、本当に辛い。彼にしてみれば、覚えてないことにしてないとやってられない」

するとメンバーのナオキくんが、「団長、殴られたんですよ。団長が殴られたから、『うじゃ』が怒った。でも団長、殴り返したんですよ、それもグーで」

「世界平和を目指して活動している」と本気で語る「うじゃ」の団長、エリちゃんの熱のこもった語りにも驚いたが、釜ヶ崎のアルコール依存症者のおっちゃんが殴ってきたことに本気で腹を立て、グーで殴り返したエリちゃんのまっすぐさに私は本当に驚嘆した。南さんが酔いに任せてエリちゃんを殴ったことが「冗談かどうかは、私が決めることだから」と、エリちゃんはきっぱりと言い切った。

「結局、お酒に逃げてしまうのが切ないよね」

その後、「うじゃ」のミーティングではお酒が禁止となった。けれども、私がおじゃましたその日のミーティングの卓袱台にはお酒が並んでいた。「氷結」の缶の隣には、私が持参した名古屋名物の「しるこサンド」も並べられていた。

「あたし、これ大好き」

しるこサンドの包みを開けて、口の中にぽいと放り込んだエリちゃんは、私の顔を見ながらニッコリと笑ってそう言った。そして、その日にエリちゃんにお土産と言って渡した私の本、『せいしんしょうがいしゃの皆サマの、ステキすぎる毎日』を大事そうに取り出して、こう言った。

「これ読んで、あたしも福祉について勉強しなくちゃ。弟のことがあったから、福祉を全然、まったく知らずに音楽からかかわっていった。ずっと、家の中のこと、障がいから逃げていたんだ」

エリちゃんの弟さんに視覚障がいと知的障がいがあることは、私も知っていた。それは、世田谷のハーモニーの所長である新澤さんに聞いていたからだ。その弟さんが楽しく活動できる場を、エリちゃんがつくろうとしたことが「うじゃ」の出発点である。また、盲学校の青年学級と「うじゃ」がコラボレーションした「青年学級うじゃレインボー」が「うじゃ」の活動の最拠点であることも、ハーモニーの所長である新澤さんから聞かせてもらっていた。

「うじゃ」は現在、本当に多くの社会福祉施設や学校、保育園でワークショップなどを行っている。だから、社会福祉がその活動の根底にあると私は思っていた。けれども、どうやらそれは違うようだ。

「うじゃ」ができる前、もともとエリちゃんは現代美術家として絵を描いていたり、立体物をつくったり、パフォーマンスをしていた。がむしゃらに制作していたことは、結局、家族の問題だった。何を描いても、つくっても、そこに行き着いてしまうことで壁にぶつかり、エリちゃんは作品をつくれなくなってしまった。

美術を諦めたエリちゃんは、自動車会社に就職した。そこでの人間関係で、イヤな目にも遭っている。けれど、貰ったお給料で家の近くの楽器屋さんに行き、ジャンベのクラスに体験入学をした。それ以後、エリちゃんはジャンベを叩いているだけでとても幸せな気分になり、寝ても覚めてもジャンベを叩くことばかり考えるようになった。レッスン以外にもジャンベを叩く部屋を借り、音楽教室の同じクラスのメンバーと自主練習をするようになっていった。

Column ⑩

うじゃの活動先

うじゃは、歌・楽器・踊りなどをツールとした即興アンサンブルを通じて「ウジャる力」を身につけるためのワークショップやライブの依頼を受け、言語のみに頼らないコミュニケーションの技を深めることに挑戦している。これまでの活動先として、筑波大学附属大塚特別支援学校、千葉県立千葉盲学校（2009年～）、東京都内保育園・小・中学校特別支援学級（2010年～）、西成 de アンサンブル（大阪市立大学西成プラザ）、障害福祉サービス事業所生活介護施設糸おかし（大阪府豊中市）、NPO 法人やっとこサービス事業所就労継続支援B型事業所（東京都世田谷区のハーモニー2010年～）、地域作業所カプカプ川和（横浜市）の他、筆者が勤務する桜花学園大学保育学部嶋守ゼミでも2013年よりワークショップを実施している。本章でも取り上げた「うじゃのお盆さん祭り（2012年～）」は2014年も実施され、100人以上の参加者があった。

うじゃと嶋守ゼミ全員集合！（写真撮影：淺川敏）

最初は太鼓中心で、歌は掛け声くらいだった。もともと即興が好きだったこともあり、そこから決まったとおりに演奏することよりも、自分らしくジャンベを叩きはじめていった。楽譜どおりに音をなぞることだけに気をとられれば、対話感がどうしても弱くなってしまう。けれども、即興で音楽をすると、相手の目を見たり、場の空気が読めるようになった。そうでなければ一瞬でひどい音になってしまうから、繊細に音と場に集中するようになった。

その結果、即興音楽を通じて、共演者との対話が成功したときに起こる奇跡的な音の展開や一体感が得られるようになった。その心地よさを体感したことで、それがどうしても忘れられなくなったエリちゃんは、即興演奏をさらに続けることになった。

しばらくすると、エリちゃんはある直感を得るようになった。その直感とは、太鼓を叩くという一人の活動は社会的な活動になるということだった。

エリちゃんは考えた。音楽は、きれいに、あるいはうまくやることだけが目的ではない。知的障がいのある弟やお母さんといっしょに楽しめることがしたい――二人を幸せにしたいという思いが社会に続く道を拓くのではないか。

ジャンベをはじめてから、エリちゃんは全員で輪になって太鼓を叩くドラムサークルにも顔を出すことにした。ドラムサークルが、視覚にも知的にも障がいのある弟に合っているのでは？　そんな直感があったのだ。

ドラムサークルをしている人に、エリちゃんは弟さんのためのドラムサークルをしてもらえないかと依頼した。そのころ、弟さんは盲学校のOBと合唱をしていた。二回ほどその合唱に参加をしてみたが、エリちゃんはそこにある窮屈さを感じてしまった。弟本人が楽しめる音楽がしたい……そんなときだった。

「だったら、あなたがやればいいんじゃない、って言われたの」

そこからまた、エリちゃんはジャンベを叩き続けた。自分に何ができるかなんて分からなかった。けれども、とにかく弟さんが参加していた盲学校のOB会にジャンベを持って、エリちゃんは参加するようになった。

アフリカの太鼓を叩きながら、ロックや演歌をしよう。そこで生まれた対話と場に起こった些細なことを尊重しながら、なるべく成り行きにまかせてみよう。何もしないことも奏でてみよう。こちらから何かを起こすよりも、発生したことに注目して、それを周りに広げていった。

他者と場を共有する。奏でられた音に耳を傾けて踊ったり、アイコンタクトをする。言葉を超えたコミュニケーションによって、音楽での対話レベルを濃密にしていく。そこで生まれるよろこび（喜び、歓び、悦びのすべて）をとおして、お互いを認め合い、思いやる気持ちが生まれてくる。

即興音楽での対話で、弟さんが変わっていった。はじめた当初の弟さんは、音が途切れた途端に、自分のことを大きな声で話すことが多かった。しかし、だんだんとみんなの音や話にじっと耳を傾けるようになっていった。盲学校のＯＢ会であるレインボーの仲間とやり取りをしていた弟さんを見たお母さんが、ある日、エリちゃんにこう言った。

「普通の人みたいだね」

お母さんの嬉しそうな様子から、「うじゃ」の活動をさらに展開したいとエリちゃんは考えるようになった。弟さんとお母さんのために、エリちゃんはそうしたいと望んだのだ。というのも、お母さんは弟さんの面倒を見るために家を空けることができなかったからだ。

「弟が外に出られなくて、母親もそれに縛られている。でも、私は今こうして、『うじゃ』で大阪に来れるようになったでしょ。だから、弟も大阪に自由に来られるようにしたい。弟が来られるのなら、どんな人でも自由に来られるじゃない？　『うじゃ』がまた違う場所に行けるようになれば、さらに世界中、『うじゃ』(6)の活動をとおしてどこにでも行けるようになるじゃない。それが、あたしが目指す世界平和！」

キラキラと語ったエリちゃんは、私に、

（６）青年学級 UDje( ) レインボーについては、「うっじゃーナル」二〇一二年秋号で特集が組まれ、その詳細が示されている。また、二〇一二年三月の記事で、ナカガワエリ氏が自らの言葉で「即興楽団 UDje( ) への道のり」とその活動の原点、思いを記述している。

「ねぇ、さやかさん。今度の『うじゃ』のシンポジウムで、『うじゃ』のこと話してくれない？外の人から見た『うじゃ』がどう見えるのか。それを語って欲しいの」

と、唐突に切り出した。

5 ユニバーサルデザインとお好み焼き——二〇一三年八月、「うじゃ」のお盆さん祭りへの参加

「シンポジウム(7)で『うじゃ』を語って」というエリちゃんの申し出を受けて、いの一番に私はこう思った。

——あたしが、シンポジスト？　できるの？

学会発表が何よりも苦手な私は、シンポジストになったことがこれまでなかった。

——どえらいこっちゃ。

けれども、生まれて初めてのシンポジストになれるという場が「うじゃ」ならば。「うじゃ」のため、大好きなエリちゃんのためにならば、私は語りたい、語れるかも、いや語ってみよう、と思った。

では、何を語ろうか？　うーん、うぬぬぬぬぬ、と考えて思いついたのが、川崎和男さんの

ユニバーサルデザイン論だった。川崎さんは、国際ユニバーサルデザイン学会での研究発表や展示などで、人工心臓のデザインを提案した人である。

川崎さんのユニバーサルデザイン論が魅力的なのは、デザインとは「人間が生きるための夢や希望を具体的にしていく哲学である」としていること。川崎さんが提唱する「ユニバーサルデザイン」のもとにあるのは「Universal Problem」、つまり、すべての人がデザインを「自分自身の問題」として「考える」ことである。そのデザインがすべてのサイエンスに裏づけられた、人生を助ける「ライフサポートデザイン」であるという考え方がとても魅力的かつ刺激的なため、私は川崎さんの文章をどんな講義でも何度も繰り返し、学生さんたちに伝えていた(8)。

川崎さんによると、そもそも「ユニバーサルデザイン」が使われるようになったのは一九七四年にロナルド・メイス(9)がＷＨＯに提出した「バリアフリーデザイン報告書」だった。ロナルド・

（7）二〇一三年の「うじゃのお盆さん祭り」は三日間にわたって行われた。二〇一四年の「お盆さん祭り」は一六一ページの**コラム9**を参照のこと。

（8）一九四九年生まれ。大阪大学大学院工学研究科教授・デザインディレクター・博士（医学）。グッドデザイン賞審査委員長など行政機関での委員を歴任。国内外での受賞歴多数、ニューヨーク近代美術館など海外の主要美術館に永久収蔵、永久展示多数。川崎和男「QOLとユニバーサルデザイン」『作業療法』23(5)、二〇〇四年。また、川崎和男「日本型ユニバーサルデザインを構築するために」、梶本久夫監修『ユニバーサルデザインの考え方　建築・都市・プロダクトデザイン』（丸善株式会社、二〇〇二年所収）は、私の授業の教材として使っている。

メイスは、ユニバーサルデザインの重要性を述べるなかで、その「七つの原則」を提唱している。

❶公平性――誰にでも公平に使用可能で、使用することで不利にならないこと。
❷自由度――使う上での自由度＝フレキシビリティがあること。
❸単純性――簡単で直感的に分かる使用方法になっていること。
❹情報理解性――必要な直感的に即理解が可能であること。
❺安全性――デザインが原因となる危険性や事故発生が皆無であること。
❻省体力性――使用するときに無理な姿勢や余計な体力が不必要であること。
❼空間確保性――接近して使える大きさや空間の広がりが充分に有効であること。

こうした七原則を示した川崎さんの文章で、とても魅力的なのが次の文章だ。

確かに、ユニバーサルデザインは高い目標です。では、その中の基準とは何なのか。そして七原則を基準として考えたとき、これを日本の水準、日本の環境に合わせたらどうなるのか、と考えて欲しいわけです。（中略）

実は、私自身、原則などいらないと思っています。自分が自分のためにオーダーメイドで使えるものが一番いいのです。

ですから、まず自分が欲しいモノをつくる。自分自身が欲しいモノというのは、「自分＝一人称のデザイン」です。自分がサービスを受けるときに、どうして欲しいかという一人称としての要素を明らかにする。

その次に恋人・妻・兄・弟などの「あなた＝二人称」のデザイン、それが結果的には「彼ら＝三人称」のデザインとして普遍化して標準になる。それが理想だと思っています。

いずれにしても、七原則にとどまらず、自分なりに七原則を膨らませたり、七原則を吟味し、徹底的に検証することによって、自分のユニバーサルデザインの定義づけをしてみることが必要ではないでしょうか。

こうした川崎さんの文章に書かれている内容は、「うじゃ」の団長ナカガワエリちゃんが「うじゃ」をつくったいきさつと似ている。自分が欲しいデザインで、まず「うじゃ」の活動をエリちゃん自身が創り（一人称のデザイン）、そこから大事な弟さんのための二人称の「デザイン」を創り上げたことで、釜ケ崎のおっちゃんたちや「うじゃ」を必要とする「彼ら＝三人称」のデ

（9）（Ronald L.Mace・一九四一〜一九八八）ノースカロライナ州立大学デザイン学部・ユニバーサルデザインセンター創設者であったロナルド・メイスが一九八五年、「ユニバーサルデザイン」を公式に提唱した。

ザインに「うじゃ」がなっていった。エリちゃんの話を聞いて以来、私はそう思っていた。だから、「うじゃ」は音楽福祉なんだ。そんなことを「うじゃ」のシンポジウムで話してみようと、「即興楽団 UDje( )」の文字を見たときにピンとひらめいたのだった。

そもそも、「UDje( )《うじゃ》」の「U」はウクレレの「う」、「Dje」はジャンベの「じゃ」、UDje( )の「( )のなかにはいろんなものを入れちゃいます」、と「うじゃ」が発行している「うっじゃーナル」の二〇一二年秋号に書かれていた。でも、区切りを変えて、こう考えることもできるのではないだろうか。

UD＝ユニバーサルデザイン
Je＝フランス語で「私＝一人称」
( )＝何でも、誰でも仲間になれる可能性

こういったことを、二〇一三年八月一三日に行われた「うじゃシンポジウム――頭で考える編」で語ろう。タイトルは、「共鳴から共生へ～即興楽団 UDje( )から創る、音楽福祉的ユニバーサルデザイン」だ！

シンポジウムで語る内容にタイトルが付いたことで、「うぉっしゃ！　オラ、東京じゃなくって、釜ヶ崎さ行ぐだ！」と気合を入れて、私はシンポジウムの準備に励むことにした。が、すぐに躓いた。持ち時間がたったの一〇分しかない。大学の講義時間は一回につき九〇分だ。その講

義を一五回繰り返して、その科目の内容を伝えているのだ、普段は。

一〇分かぁ……どうしようか？　と考えながらネットでググってみたところ、「プレゼンテーションの理論」と題された山形大学農学部のホームページを見て、ピンと来た。その「準備編」にはこう書かれていた(10)。


【ミッション名を考える】

自分を振い立たせる「ミッション名」を設定する。普段からモヤモヤと考えていた願望をプレゼンという機会でどさくさに紛れて実現してしまおうと考える。あえて言葉にしてみる。


なるほど、なるほど……そうか、と私は思わず膝を叩いた。まずは、プレゼンの基本から考え直せばいいんだ。ホームページを見ながら、私はプレゼンの「虎の巻」となるノートをつくることにした。

さて、今回のシンポジウムでの「ミッション」を考えることからはじめよう。何よりも「また、話を聴きたい」とシンポジウムの参加者に思ってもらいたい。そのために、どうしたらいい？

(10)　http://www.tr.yamagata-u.ac.jp/˜sachio/presentation%20theory/presentationthe.html

ホームページの記事を読み進め、ノートをまとめた。次の言葉は、きっととても大事だ。

――プレゼンには、相手の属性に合ったケアが求められる（専門用語は、何だか難しくて面白くない）

そのとおり！　専門用語を使わず、分かりやすく説明してみよう！

――最初から最後まで、細かく正確な事実まで説明の限りを尽くせばよいわけではない。正確な説明≠分かりやすい説明を目指す。「わしづかみに分かった気にさせる説明」を目指す。わかりやすさを追求するための情報選択がプレゼンの準備段階で必要になる。

分かりやすくて面白い研究ほど、聴き手が頭を使っている意識がなく、内容に入り込みやすい＝聴き手が、次のスライドを予測できるように組み立てる。

そうか、参加者が次のスライドを予測できるように、スライドを重ねていけばいいんだな。枚数や分量の具体的な目安は、いったいどれ位なんだろうか？

【シート枚数の目安】
シートの枚数＝だいたい一つの画面で一分程度（三分以上かけると、聴く方がだれる）
【7行の法則】
聴衆が画面を目で追えるのは、7行が限度
【目線は左から右へ、上から下へ】
一枚の図表のなかで箇条書きやイラストを順番に説明する場合、それぞれのパーツが左から右、上から下へ移動できるように配置

そのほか、ホームページにはアニメーションの使い方、配色、図形と文字の関係などが示されていた。それらを参考にしながら夢中になって慣れないパワーポイントを操った結果、一六枚のスライドができあがった。

そのおかげで、人生初のシンポジウムでの講演について、「うじゃがユニバーサルデザインってすてき」と「うじゃ」のメンバーのまゆみちゃんから優しい言葉をもらえたし、エリちゃん

シンポジストになった筆者

からは「さやかさん、さすが。ものすごくわかりやすかった」と言ってもらえた。

しかし、である。「人生初のシンポジウムは、大成功！」にはまだまだ遠かった。（涙）

どうしてなんだろう？　スライドをつくる段階で、エリちゃんが熱く語っていた「世界平和」という言葉を、なぜだか私は「世界征服」だと示してしまった（そのおかげで、スライドを見た方々からは大きな笑いをいただけたが……）。

それ以上に重大な問題は、「ユニバーサルデザイン」の伝え方が不十分になってしまったことだ。淺川敏さんによる「即興楽団UDje( )の歴史」、井上登さんによる「西成と即興楽団UDje( )」、オカモトマサヒロさんによる「日本の祭りと即興楽団UDje( )」、そして木室陽一さんによる「移住」という魅力的な話題提供がなされて、私の講演が無事に終了したあと、会場全体でのセッションに入っていった。その終わりに近づいたときのことだ。シンポジウムの会場となっていた「日常生活支援ネットワーク　パーティ・パーティ」の職員である椎

シンポジスト一同

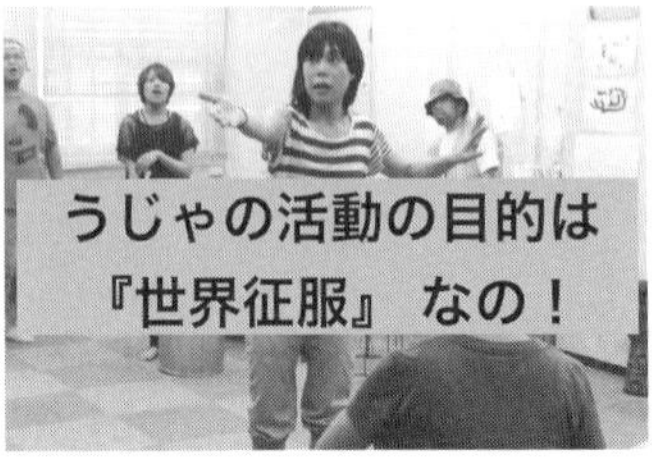

『世界平和』が正解

名さんが、こう言った。

「そもそも、うじゃがユニバーサルデザインになってしまって、本当にええのん？　どこのどいつだか分からん奴が、勝手に『うじゃ』を名乗ってしまうことになっても、それでホンマにええわけ？」

椎名さん、それは川崎和男さんが言う「共用品」です。私が川崎さんのユニバーサルデザイン論を引用して言いたいことは……なーんて説明すればよかったんだろうかと、この原稿を書いている今は思っているが、後の祭り。このとき、私は反論できなかったのだから……。

しかし、その「共用品」という概念を用いて反駁することも、まったく的外れだ。だって、「うじゃ」は「うじゃ」なんだから。ほかの団体が同じことをしたからといって、決して彼らは「うじゃ」には絶対になれない。

しかし、そのときの私は結局何も言い返すことができず、会場の論議は「伝承」というキーワードをめぐって、やおら、やしきたかじんさんの「そこまで言って委員会」的な活況を呈してドタバタと終了した。

ただ、このシンポジウムで大阪での議論の仕方を学べたことは有意義だったと思っている。私は東京で育ったので、大阪弁の言葉が奏でる音の響きだけを受け取ると、まるでケンカを売られたような気になってしまって頭に血が上り、思考が停止してしまった。けれど、まったく違った。

それは、大阪に行くたびに必ず訪れるお好み焼き屋さんのお好み焼きを見ていて気がついた。

大阪の人の議論の仕方は、何やらお好み焼きに似ている。そんな風に思ったのは、「うじゃ」のシンポジウムのあと、自分を落ち着いて振り返ることができるようになってから改めて、万城目学さんの『プリンセス・トヨトミ』（文春文庫、二〇一一年）を読んだあとだった。万城目さんが描くお好み焼きは本当に美味しそうで、読めば必ず口の中によだれが滴る。「大阪国」代表のお好み焼き店主である幸一さんが焼くお好み焼きの記述は、本当に素晴らしい。

「幸一の焼くお好み焼きはほくほくしている。むらなく焼き上がっているが、水気を残し、やさしい生地の感触が保たれている[11]」

お好み焼きの生地がほくほくしていて、むらなく焼き上がっているのに水気が残っており、やさしい感触が保たれるように焼くためには、どうやらコツがあるようだ。まず、片面が焼かれる間、できるだけ生地には触ってはいけない。鉄板に生地を押しつければ、空気が抜けて「ほくほく感」がなくなるからだ。

だから、頃合いが来るまで、生地が焼かれる音にじっと耳をそばだてる。鉄板の上でくすぐり合うような油の音が裏返すタイミングを教えてくれるまで、静かに待つ。そして、そのときが来たら「ごわっと一気にひっくり返す」のだ。そう、お好み焼きが最高に美味しくなるように。

「うじゃがユニバーサルデザインになってしまっても本当に、ええのん？」という椎名さんの言葉は、私が鉄板に置いた「話題」という生地を最高に美味しく焼き上げるために、その頃合いを待ちながら私の話にじっと耳を傾けて、あえて話題の前提をひっくり返してくれたんだ、と今は理解している。そのプレゼンの技法を勝手に名づけるならば、大阪人流「話題お好み焼き、ごわっとひっくり返し」だ。

それを「天地無用」と決めつけて思考停止させたのは、まぎれもなくあのときの私である。議論が覆されたと勘違いしたせいで、せっかく深められそうだった議論の流れを私はすべて止めてしまった。本当に、もったいないことをしてしまった。そのうえ、さらに申し訳ないことに、椎名さんはシンポジウムのあとで陳謝してこられた。

――いえいえ、悪かったのは私のほうです。椎名さん、ごめんなさい。そして、本当に勉強になりました。ありがとうございました！

いろいろ書いてきましたが、とっても楽しかった「うじゃ」のシンポジウム。今後、さらに精進して、美味しい話題提供ができるようになってやろうと、『プリンセス・トヨトミ』の舞台となっている空堀商店街で食べた「味の友　すぎっこ」の、私にとっては世界で一番美味しいお好み焼きの味を懐かしく思い出すたびに、その決意を何度でも固める私なのでした。

（11）万城目学『プリンセス・トヨトミ』文春文庫、二〇一一年、一五〇～一五一ページ。

6 孤独死のおくりびとたち

二〇一三年八月一四日、朝の一〇時半。その前日に行われた「うじゃ」のライブが大成功を収めたそのあと、登さんがご自身の人生について語ってくれるという約束をしてくれた。三角公園で登さんと待ち合わせていたので、私はその日の夕方に行われる釜ヶ崎の慰霊祭で供養される方々のために花を買い、祭壇の前に手向けた。

その後、「もー、暑いもんは暑い！」としか言いようのないような、しょうもない夏の暑さのなか、私は三角公園のすぐ傍の登さんのアパートでインタビューをさせてもらった。お昼になり、インタビューを中断した登さんと私は三角公園のすぐ脇にある喫茶店に行った。一三時半には三角公園に戻らなくてはいけない。登さんの友人のアーティスト「まちゅこけ」さんの「ライブがあるんやー」と、その日の朝、私に会うなり登さんは何度も繰り返していた。

まちゅこけさんは、真っ黒なストレートロングに真っ黒なドレス。パイプ椅子に掲げた膝の上でアコースティックギターをかき鳴らして、微笑をたたえながら「チャーム！」と何度も叫んだ。

そのメロディーも歌詞も、巷《ちまた》で耳にする流行歌とはまったく違っていた。聴衆は釜ヶ崎のおっちゃんたちだ。おっちゃんたちの聖地である釜ヶ崎を侵略しようとする外的圧力に拮抗する闘い、生きることそのものへの弛まない渇望、しぶとさと強かさ、釜ヶ崎の男たちの闘争歌、そういったものがまちゅこけさんの歌にはとても濃密に凝縮されていた。まるで、釜ヶ崎についての語りが長回しで吟じられているようだった。

——おっちゃんたちの心と釜ヶ崎という地にどっしりと根付いていたい、釜ヶ崎を闊歩する野良猫のように。「西成の黒猫」として、釜ヶ崎の歴史の一端を目にし、そこから決して目を逸らさずに、時代の目撃者としての責任を歌い続けることで果たしたい。

そんな願いに溢れたまちゅこけさんのパフォーマンスに、登さんは心酔しきっている様子だった。

「一〇年近く前やろなー。釜ヶ崎の夏祭りで釜の人間たちのヤジにぶちギレて、『てめえら、ちゃんと聞きやがれ』って怒鳴り返して、しばらく釜のステージで出演停止になったんやー。釜に、『差別するために来とるんやろ』とか、かなりキツイこと言われてなぁ。せやけど、あの子の歌には伝わるもんがあるんやー」

まちゅこけさんのパフォーマンス

登さんがそう語っていると、まちゅこけさんの『はだかんぼう』という歌がはじまった。登さんはその曲の節に合わせては拳を固く握りしめ、何度も大声を張り上げていた。舞台真正面では、酔っ払ったおっちゃんがまちゅこけさんのスカートの中を覗き込んでいた。

まちゅこけさんのステージが終わると、一人の小ぎれいなお兄さんがステージに立った。それは何と、SHINGO★西成[12]さんだった！　釜ヶ崎の夏祭りや越冬ライブのMCを、地域密着型の人気ラッパーのSHINGO★西成さんが務めていた。

そもそも彼の名前は、東京の山谷地区でフィールドワークをしていたときに、NPO法人友愛会の田中さんからもらったDVDで知っていた。そのDVDには、NHKで放映された彼のドキュメンタリー番組が録画されていた。その本人が、釜ヶ崎の夏祭りのステージで今、目の前に立っている！

うわぁ、やっぱりここは本当に釜ヶ崎なんだ、と私はただ驚いていた。

登さんとまちゅこけ

「暑いから、慰霊祭まで部屋に戻ろ。あいつとも友達だから、あとで声かけに行こ。話してみたいんやろ。握手も頼もかー」

登さんにうながされ、私は登さんの部屋に戻ってインタビューを続けた。美味しい昼食で腹を満たせたおかげで、眠気も最高潮に達した。扇風機の涼しい風の心地よさもあって、私は何度も白目を剥いて眠りに落ちそうになった。インタビューが途切れそうになるたびに、登さんは「だいじょうぶかー」とアイスクリームやお菓子を出してきて、私を何度も正気づかせてくれた。おかげで、メモをとっていたノートは、釜ヶ崎の夏祭りである慰霊祭がはじまるころには満杯になっていた。

MCを務めたSHINGO★西成

---

(12)　一九七二年生まれ。大阪市西成区出身のヒップホップMC。二〇〇五年にシングル「ゲットーの歌です（こんなんどうDEATH?）」を自主発表後、二〇〇六年にミニアルバム「Welcome To Ghetto」(Libra Record) からデビュー、二〇一〇年に昭和レコードに移籍。KREVA、香西かおりら多数の競演歴がある。二〇一三年六月一八日、『地方発　ドキュメンタリー〝西成〟を歌うアーティスト』でその活動が取り上げられた。

さて、釜ヶ崎の慰霊祭は一八時半からだった。そのちょっと前に、私は登さんと二人、三角公園に戻ってきた。私はステージ前に敷かれたゴザの席に向かって歩いていた。たくさんの露店が軒を連ねていた。登さんは、私にパイナップルスティックを買ってくれた。

熟しきったパイナップルスティックを頬張りながらステージを見ると、「COCORO アワー」のパフォーマンスがはじまっていた。出演者は、登さんが所属する「釜凹バンド」を結成するきっかけをくれた団体だった。浴衣姿の女性がBGMに合わせて、その年に亡くなった利用者さんが詠んだ俳句を朗読していた。

しかし、ステージ中央の女性が心を込めて高らかに謡い、吟ずれば吟ずるほど、ステージを見ていたおっちゃんたちはヤジを飛ばし、しまいにはその女性に向かって石を投げはじめた。暴動まではいかなくても、ケンカが今にもはじまりそうだった。

「やめて、ちゃんと聴いて！」と絶叫する女性の膝に、おそらくお子さんと見受けられる小さな子どもさんがまとわりついていた。そのせいで、立っているのもやっとというほどにフラフラしながら、その女性はパフォーマンスを続けた。

ヤジは最高潮だし、ガンガンと石は舞台に投げられるしで、ステージはグダグダなままに終わった。MCの SHINGO★西成さんがステージに立った。立つなり、SHINGO★西成さんは、ラップで何やらステージを観ていた聴衆たちを捲し立てた。その途端、おっちゃんたちは静かにな

り、その声に耳を傾けた。すると、

「ケンカはやめましょうや。石は投げたらあかん」

SHINGO★西成さんはたったひと言、そう言った。その声におっちゃんたちが歓声を上げ、ステージは平常に戻った。初めて聴いたSHINGO★西成さんのラップにも感動したが、そのラップの一節におっちゃんたちが一斉に耳を傾けて、その空気を一変させたSHINGO★西成さんの風格に私は舌を巻いた。

本物なんだ！　SHINGO★西成さんも、ステージを観続けてきたおっちゃんたちも。

釜ヶ崎の夏祭りは、一九七二年に暴力団による地域の支配構造に抗するために組織された社会運動団体「暴力団手配師追放釜ヶ崎共闘会議」（通称、釜共闘）によってはじめられた。その後、釜ヶ崎夏祭り実行委員会によって主催され、守られてきた夏祭りのステージに立つさまざまなアーティストたちのパフォーマンスは、「本当に、プロだ！」と思うものばかりだった。

ステージに上がる者たちの気合や心意気に、見ているだけで圧倒された。だからこそ、聴いていて「これは、一体何なの？」と一見《いちげん》さんの私であっても失礼ながらに感じてしまうパフォーマンスに、釜ヶ崎のおっちゃんたちは本当に容赦しなかった。このステージに上がるかぎり、一切の同情もお義理も何もない。ただ、それが良いか悪いか。黒白ハッキリした評価だけがそこにあることに、私はただ驚いていた。そして、その黒白はっきりした評価だけがそこにある釜ヶ崎のステージで、「うじゃ」が観衆のすべてを最高潮に盛り上げていたのだ。私は「うじゃ」の実力の確かさを、改めて理解した。

次のプログラム、三線《さんしん》の会・エイサーがはじまった。その節や踊りで、私は沖縄の宮古島を思い出していた。釜ヶ崎で沖縄に出会うとは！

ステージを観ていて、宮古島でお世話になった「地域活動支援センターひらら」の松川英文所長をはじめ、お世話になった方々の顔がどんどん思い出された。まるで、自分の故郷に帰省したかのような懐かしさで私は胸がいっぱいになっていた。宮古島が故郷かぁ……そんな風に思えるだけでも何と幸せなことか。私の目からたくさんの涙がこぼれていた。

ふと目をステージ脇に向けると、「うじゃ」の団長のエリちゃんが座っていた。私はエリちゃんに声をかけた。SHINGO★西成さんが、すぐそばで子どもたちと遊んでいた。

エリちゃんはSHINGO★西成さんを見ながら、「彼は、釜ヶ崎のステージに上がる同志なんだよ」と教えてくれた。「うじゃ」が三角公園での越冬ライブにはじめて出演したとき、メンバーがエリちゃんとヒトミちゃんの二人だけしか集まらなかったという。「本当にピンチだった」と思ったそのときに、ステージのMCを担当していたのがSHINGO★西成さんだった。その日のSHINGO★西成さんも高熱を押してのステージ参加で、本当に大変だったようだ。

そう語ったエリちゃんが、SHINGO★西成さんに話しかけた。私は、SHINGO★西成さんに緊張しながら、この本のためにエリちゃんとの二人の写真を撮らせて欲しいと頼んでみた。SHINGO★西成さんは快く写真を撮らせてくれたうえに、固い握手をしてくれた。

空が、どんどん夕暮れ色に染まってきていた。エリちゃんが、「そろそろ、慰霊祭がはじまるんだよ。掲示板を見た？　あそこには、東日本大震災の仮設住宅で暮らしている方々の手記がたくさん書かれていたね。読んだ？」と言った。「朝、登さんの家におじゃまする前に全部読ませていただいて、献花もさせていただいたよ」と、私は少し涼やかになった夏の風に吹かれながら、のんびりとエリちゃんに答えた。

すると、釜ヶ崎にいる一人のおっちゃんがエリちゃんに話しかけてきた。おっちゃんはエリちゃんに「わたしたいもんがある」と言った。

エリちゃんと SHINGO★西成さん

エリちゃんはおっちゃんに、「人違いじゃないのかなぁ？」と答えていた。けれど、やり取りをしているうちに、エリちゃんはそのおっちゃんと二人で歩きはじめた。私も、のんびりと二人の後に続いて歩いていった。

　しばらく歩いたあと、そのおっちゃんはドヤに入っていった。と思った途端、ドヤから出てきたおっちゃんは真っ白なコンビニ袋をエリちゃんに差し出した。それには、とても大きな、真っ黄色の蜜柑がいくつか入っていた。（エリちゃんは夏祭りの舞台で歌っていたから、釜ヶ崎ではとても有名人だものね。だから、知り合いが多いのね、きっと）と、のん気にそう思っていた私にも、おっちゃんはその真っ黄色くてとても大きな蜜柑を二つ両手に持たせてくれた。おっちゃんはエリちゃんと私に蜜柑をわたすと満足したようで、そのあとすぐにいなくなってしまった。

　とてもキレイな真っ黄色の蜜柑の匂いをくんくんと胸いっぱいに吸い込みながら、エリちゃんに「あのおじさんは知り

釜ヶ崎で歌うエリちゃん

合いなの？」と訊ねると、エリちゃんは、「ううん。全然知らないひとー。人違いだって、ずっと話していたのに、なんか蜜柑くれたねー」と、とても澄んだキレイな声でのんびりと答えた。「ま、いっか」と二人で笑いながら、三角公園の夏祭りのステージ脇に歩いて戻った。

ステージ脇にある石段に二人で腰かけようとすると、また先ほどとは別の知らないおっちゃんが、「酒、足りてるかー？　飲んどらへんやないかー、おいでー」と声をかけてきた。エリちゃんがまたそのおっちゃんの後について、当たり前のように歩きはじめるので、私もついていった。するとそのおっちゃんは自動販売機で、エリちゃんには缶ビール、私にはレモン缶酎ハイを買ってくれた。

夕方の風が涼やかに通り過ぎ、夏祭りの櫓にオレンジ色の白熱灯の明かりが灯りはじめていた。プシュッとタブを起こして缶を開け、しゅわしゅわと泡立つレモン酎ハイを私はごくりと呑み込んだ。その横を通り過ぎるおっちゃんが、「きっれいな、足やねー」と褒めてくれた。その言葉でおっちゃんの顔を見ると、目が合った。おっちゃんは柔らかくて大きな笑顔になっていた。

慰霊祭を待つ、ほんの少しの間だったけれど、そのときの三角公園には、何だかとても大らかで安らかな空気が満ちていた。その空気に、体ごとふうわりと抱かれているような気がした。

慰霊祭がはじまった。カトリック教会フランシスコ会の神父様が、お亡くなりになられた方のお名前を一人ずつ読み上げて、祈りの言葉を捧げていった。浄土宗と浄土真宗のお坊さんもまた読経された。そこにいたたくさんの人たちが、静かにそれに耳を傾けていた。空の色が、どんどん夕方の色を濃くしていった。

三角公園に集うたくさんの人たちの祈りが、あの世へと旅立っていった方々へのそれぞれの想いとともに、高く高く空へと立ち上っていくようだった。『ふるさと』の合唱が三角公園に響いた。その声もまた、高く高く舞い上がっていった。

私は、空を見上げた。少しの間だけ目を瞑って、この世から旅立って行かれた知人や、夏が来る少し前に死んだ愛犬のジュンの柔らかな茶色い毛を撫でるように、つらつらと思い浮かべた。ぼんやり、そもそも、私はなぜ釜ヶ崎に来たんだっけ？　と考えていた。そうだ、最初は東京の山谷に出掛けたんだ。そこで、白い袋に包まれた、ＮＰＯ法人友愛会の利用者さんのお骨に出会えた。そこから、孤独死について考えはじめさせてもらった。そして、世田谷区のハーモニーに行った。そこで、この本に書かせていただいた中村さんの悲しいお話をうかがった。お骨や悲しいお話であるが、出会わなければ私はきっと釜ヶ崎まで来なかったし、慰霊祭があることも知

釜ヶ崎の慰霊祭

らなかった。

目を開けて、櫓《やぐら》を組まれた夏祭りの三角公園を私はぐるりと見回した。そうだ、お盆なんだ、今。お盆だったから、私は即興楽団UDje( )《うじゃ》のお盆さん祭りに呼ばれて、拙い講演をさせてもらったんだった。宮古島でも、『せいしんしょうがいしゃの皆サマの、ステキすぎる毎日』のおかげで、私はお盆のときに講演をさせていただいた。そして、地域活動支援センターひららの所長さんのお宅で、送り盆にも同席させてもらっていた。

その日の晩は、所長さんのご親族の結婚式のVTRを延々と見て時間を過ごした。映像に残された、今は亡くなられたご親族の方が映るたびに、ご家族の皆さんはその方のお名前を、まだ生きていらっしゃるかのように呼んでいた。そして、口々にその方との思い出を大事そうに語っていた。

そうかー、お盆というのは、この世からあの世にいらっしゃった方との時間を思い出して、その方を想う時間なんだ。その方を思い出させてもらうことで、この世とあの世を結ぶ大きなつながりができるんだぁー、きっと。

そう思った途端、慰霊祭が行われている三角公園に、この世の地上から天空に向かう大きな流れが見えたような気がした。血縁も、人によっては地縁もない多くの人たちが、三角公園でそれぞれにあの世に旅立った人たちに祈りを捧げ、『ふるさと』の歌声を響かせる。そこに込められた思いが大きな原動力となって、三途《さんず》の川の流れにあの世へと旅立ったたくさんの魂を放流、放擲しているように思えた。

きっと、人は本当に孤独には死ねない。その人を想ってくれる人が必ずいる。この世からあの世へと送り出すことができる人を想えるかぎり、きっとこの世にいる人は孤独ではない。そう信じたいと、私はそのとき心からそう思った。

慰霊祭が終わると、三角公園の櫓《やぐら》を囲んで盆踊りがはじまった。うじゃの団長のエリちゃんに、今晩は釜ヶ崎に一緒に泊まって、一晩中語り明かそうと誘われた。けれど、私はそのありがたい申し出を断ることにした。今帰らないと、

演奏を終えた楽器たち

何だかそのまま、本当に家に帰れなくなってしまいそうな気がしたからだ。

三角公園からJR新今宮駅までは、通りをまっすぐ行けばすぐだ。だから、一人で帰ると私は言った。すると、登さんをはじめ、私に缶酎ハイを買ってくれたおっちゃんが激しくかぶりを振った。

「一人で歩いたら、危ないから絶対にダメ！」

「そうは言っても、あたしを登さんが駅まで送ったら、エリちゃんが三角公園で一人になってしまうでしょう？」

と、私が言うと、登さんがエリちゃんと一緒に三角公園に残り、缶酎ハイのおっちゃんが私を駅まで送ってくれることになった。

缶酎ハイのおっちゃんは、注意深く私を駅まで送ろうとしてなのか、ただそうしたかっただけなのかはよく分からなかったが、駅まで手をつないで歩こうと言った。私はおっちゃんに手を引かれて、地下鉄御堂筋線の動物園駅に到着した。おっちゃんは、「改札まで見送る」と言った。さて、まずは切符を買わなくちゃ。

しかし、大阪の券売機を見ても、私がよく知っている名古屋や東京のそれとは様子がまったく違っていた。うーん、切符の買い方がよく分からんぞ。私は、缶酎ハイのおっちゃんに券売機の使い方を聞くことにした。けれども、おっちゃんは驚いたことにこう言った。

「そんなん、知らんわ。わし、これ使うて、電車にいつも乗ってるから」

おっちゃんは、ポケットから老人パスを取り出して私に見せた。それまで私は、おっちゃんはホームレスなんだと勝手に思い込んでいた。しかし、おっちゃんは社会福祉サービスを使う、立派な大阪市民だった。そっかー、そうだよなぁ。おっちゃんだと思っていたけれど、駅の蛍光灯の下でよく見たその人は見るからにご高齢だった。身寄りがあるかもしれないし、ない方なのかもしれなかった。

何とか、私は自力で切符を買った。自動改札機に切符を入れようとしたそのとき、おっちゃんは「ありがと」と言って、私を抱き寄せた。ありがたいのは、あたしのほうだよ。三角公園で飲んだレモン缶酎ハイ、とっても美味しかったよ。私は心から感謝しながら、おっちゃんを軽く抱き返した。

地下鉄御堂筋線で新大阪に到着すると、妹から、飼っているオカメインコの「てぃぽ」の写メが私のスマホに届いた。外泊が長引いたので、てぃぽの表情が暗くいじけきっていた。さて、本当に急いで帰らなくちゃ。フィールドワークが長く続くと、留守番しているてぃぽは拗ねてしまって、自分の羽毛を禿げ上がるまで毟りきってしまう。

新幹線に乗り込んだ。スマホに写し出された、お土産の中身と帰宅時間を訊ねる妹のメッセージを読んでいると、デッキに続く扉の向こうのトイレの臭いがツンと鼻についた。その臭いを何倍、何十倍、何百倍かに濃くすれば、釜ヶ崎の三角公園のトイレの臭いと同じだなぁー、と私はぼんやり考えていた。

　人間だもの、垂れては流す糞尿の臭いは同じだ。臭いも乗せて走る新幹線の線路を辿れば、名残惜しい大阪だって名古屋から本当にあっという間だ。

――だから、また釜ヶ崎に、あたしはいつでも行ける、よね。

　たった数日の滞在だったが、私は釜ヶ崎がとても大好きになってしまった。またすぐに、いつでも大阪に戻ってこよう。もっともっと、大阪、釜ヶ崎を私は知りたい。だって、私の孤独死の研究は、これからも、まだまだずっと終わらないのだから。

「ねぇ、やっぱりさ。いや、やっぱりも何もないいんだけど。本当に申し訳ないんだけれど、わがまま言ってもいいですか？」

二〇一三年六月八日、早朝五時半。あたしはその前日から泊まっていた友人宅でおもむろにこう言った。「わがまま」を言いたかったその六月八日は、この『孤独死の看取り』の出版社、新評論の武市さんとの打ち合わせのあとに、めでたくこの本を出版する企画が認められたことを、NPO法人友愛会の理事長である吐師さんと生活相談員の田中さんに報告することになっていた。しかし、その約束をとりつけたあと、訪問前日の夜七時過ぎ、涙声の母からかかってきた電話が気になって仕方がなかった。

「もう、ジュン、本当にダメかもしれない。さっき、てぃぽが自分で鳥かごから出てきた。ジュンのそばまで一人で飛んできて、今もジュンのそばから離れない。ずっと、ジュンの名前を叫んでる」

「ジュン」は、あたしの家で一五年間にわたって飼っている犬の名前だ。もう三年も前から、夏になる前には必ず痙攣を起こして死にかけていた。でも、そのジュンの「もう死ぬぞ」という夏の痙攣が三年も続くと、「オオカミが来るぞ」という狼少年の大ぼら吹きのように感じられ、いや、正確に言うとそう感じていたくて、「ジュンは今年も死なない」とあたしは信じようとしていた。けれど、東京に出張する前の一週間、やはり夏の痙攣を起こしてジュンは死にかけていた。

「てぃぽ」は、あたしが飼っている手乗りオカメインコの名前だ。この本の前の『しょうがいしゃの皆サマの、ステキすぎる毎日』の執筆中、沖縄の宮古島にあたしが飛ぶ直前に死んだ「ピィ」のあとから飼いはじめたので、ドクターファンタスティポ★の最後の文字をとって「てぃぽ」と母が名づけた。

ピィはあたしの執筆には非常に協力的な賢いオカメだったが、てぃぽは本当に困ったインコだ。原稿を書けずに眠ってしまうと、その間にあたしのノートパソコンのキーをかじって、ボタンをいくつもくちばしでめくってはがしてしまう。あたしはてぃぽのおかげで、パソコンのキーボードはオカメインコのくちばしの力で簡単にはがれてしまうこと、はがれたキーの部品は、はがれた場所に押し込むとちゃんとはまって元通りに使えること、そして仮眠するときにはノートパソコンの画面部分をきちんと閉じなければならないこと、を学んだ。

そんな困ったオカメインコのてぃぽが嶋守家にやって来たときから、てぃぽはジュンの後を追って家中を走り回った。どうやら、てぃぽにとってのジュンは、カッコいい憧れの存在のようだった。ジュンが眠っていると、その耳元で「カワイイカワイイカワイイカワイイカワイイ…∞」と大声で叫び、家の中をジュンが歩けばその後ろを追って「ジュン！　ジュン！　ジュン！…∞」と叫びながら走り回っていた（決して、飛ばない）。そして、ジュンにとっては最期の夏の死の痙攣のあとに寝込んで動けなくなってからもずっと、その枕元で「ジュン！」と名を呼び続けて、てぃぽはジュンをこの世に引き留めていた。

てぃぽの鳥かごの扉は上下にスライドするようになっていて、それはとても滑らかだから、上下の動きの途中でひっかかり、扉が止まって開くことはない。だから、てぃぽは自力で鳥かごから決して出られない。てぃぽが鳥かごから出たいときは、くちばしではさんだ扉をガチャンガチャンと上下に動かして鳴らし続ける。てぃぽが鳥かごから出られるのは、家族の誰かがその音に根負けして扉を開けるときだけだ。

けれど、自分では開けられないはずの鳥かごの扉から、てぃぽは自力で飛び出した。死にかけているジュンのそばに何が何でも行きたいという一心で、てぃぽが鳥かごから自力で飛び出したのは明らかだった。それだけで、ジュンが本当に危ないのだということが分かった。

「あたしは、家に帰りたい。いや、どうしても帰らなければならない。ジュンの臨終に間に合うかどうかは分からないけれども」と、あたしは友人に話した。すると友人は、「全然、わがままなんかじゃないよ」と優しく言って、朝の六時だというのに車で最寄駅まで送ってくれた。

「ありがとう」と、あたしは友人に伝えるのがやっとだった。ほとんど無言で駅まで行く道すがら、カーステレオから「名古屋は、今日から本格的な夏の暑さとなります」というアナウンサーの声が響き、あたしはたまらず「げー」と言った。

新幹線に飛び乗るとすぐに、NPO法人友愛会の田中さんへ訪問を延期させていただくメールを打った。すぐにメールの返信が届いた。夜勤明けで友愛ホームの朝食をつくっていて大忙しの時間帯にもかかわらず、「ワンちゃんのそばにいてあげてください」というねぎらいの言葉が携帯の画面に映った。その言葉を見て、あたしはもうすぐジュンがこの世からいなくなること、あるいは帰宅したときにはもうすでにジュンがこの世からいなくなっているかもしれないことを本気で覚悟した。

名古屋に到着し、あたしは母に名古屋から地下鉄に乗ったことをメールした。地下鉄を降りてバスに乗り換えようとしたが、実家の最寄りのバス停に止まるバスがなかなか来ず（住所が植田山と「山」なので、一時間に一本しか最寄りのバス停を通るバスがない）、仕方がないので、バスで行ける所まで行ってから三〇分かけて山道を歩いた。太陽がどんどん高くなり、じりじりと日差しが強くなっていく。なかなか実家にたどり着かない。イライラと焦りながら、あたしはずんずん歩みを進めた。

実家に着き、扉を開けて中に飛び込んだ。こんなに時間が経ってしまったから、もうジュンの死に目には会えないのだと思い込んでいた。母が出迎える。

「ジュンは?」と訊ねると、母はにっこりとあたしに微笑んだ。

「おかえり」

全身の力が一気にゆるんだ。てぃぽの、「ジュン」という叫び声が奥のリビングから響いている。あたしは鞄を下ろして、家に入っていった。ソファーに横たわっていたジュンを抱きあげた。もう何も食べていなかったから、痩せこけたカラダが枯れた小枝のように軽くなっていた。あたしの匂いを嗅ぐ、荒くて大きなジュンの鼻息がする。

生きてる！　あたしはてぃぽを肩に乗せ、ジュンを抱きしめた。

生きている!!　間にあった！　あたしは、たまらず号泣した。

「ちゃんと待ってたよー。じゃないと安心して死ねないよーってね、ジュン」

そう言った母に、あたしはお土産を手わたした。新幹線に乗る前にキヨスクで買った妹の大好物の「東京ばな奈」と、ハーモニーのリサイクル商品売り場にあったデューク・エイセスのＣＤだ。プレイヤーでそのＣＤをさっそくかけると、あたたかな歌声がリビングにあふれた。

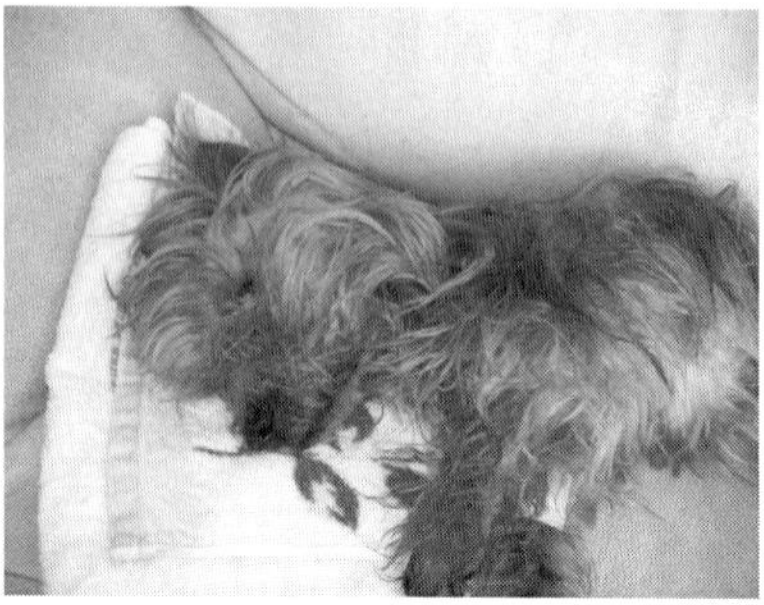

生前のジュン

You are my sunshine　／　きみはぼくの太陽
My only sunshine　／　ぼくだけの陽の光
You make me happy　／　きみがいれば　ぼくはしあわせ
When skies are gray　／　空がどんより　曇っていてもね
You, Il never know dear　／　きみは知らないでしょ
How much I love you　／　ぼくがどれだけ　きみを愛しているか
Please　／　だから　お願い
don't take my sunshine away　／　ぼくの太陽を　つれていかないで

（しゅうさえこ×デューク・エイセス「ユー・アー・マイ・サンシャイン」
『マジック・サンドイッチ』一九九六年、東芝ＥＭＩ。訳詩は筆者）

デューク・エイセスのミスター・テノール、故飯野智彦先生は、あたしに一番最初にピアノを教えてくれた先生だった。「音楽の道で生きていくと思ってましたよ」と、幼少期のあたしのピアノの才能を信じてくれていた飯野先生の歌声に耳を傾けて庭に目をやると、ピィのお墓の周りを一匹のモンシロチョウがひらひらと舞っていた。

「疲れたでしょ、少し眠ったら？」

母の声に促され、あたしはジュンを抱いて階段を上った。背中ごしに、母の声が聞こえた。

「やっぱりね。一人で看取るのは、不安だったの」

あたしは母に、「うん」とだけ答えて自分のベッドに向かった。ジュンをいつからベッドに入れてないいんだろう？　あったかい布団にくるまれると、ジュンは必ずあたしのベッドでオシッコをした。それがイヤで、あたしはいつからかジュンを自分のベッドに入れていなかった。でも今は、どれだけオシッコを漏らしたとしても、ベッドであたしはジュンと眠りたかった。ジュンはあたしの枕元に敷いた白いタオルの上で、一緒に静かに眠った。

しばらくして、ジュンがベッドから転げ落ちる音であたしは目が覚めた。抱き上げてベッドに戻しても、すぐに立ち上がってそのままベッドから転げ落ちてしまう。まだ目が覚めきれず、重たいカラダを起こせなかったあたしは母を呼んだ。母はジュンを抱きあげ、

「トイレだね。白内障で目が見えなくなってから、家じゅう徘徊して所構わずオシッコしまくってたのに、最近は不思議と外に連れていかないとしないのよ。死ぬ直前になって、いい子になっちゃってね。ジュン、散歩に行こうか」

と言うので、あたしも起きあがり、散歩に付き合うことにした。

「不思議と言えば、ジュンの目の白いのがなくなって、ちゃんと見えるようになったみたいなの。どうしてなのかね？　分からないけど」

ジュンの目をのぞき込むと、たしかに澄んだジュンの瞳に私が映っていた。

散歩に出る前にスマホをチェックすると、妹のゆりちゃんからのLINEに「一四時からヒマになったよ」というメッセージが入っていた。その返事にあたしは、「お迎えが来たみたいだから行けない」と電話した。すべてを察したようにゆりちゃんは、「そう」とだけ答えた。

さて、家の外に出て散歩、と言っても、今やこの世を旅立つばかりのジュンはもう自力で立つことすらできない。そんなジュンを抱きかかえて家の外に出た母は、まるでこの世に生まれてきたばかりの赤ちゃんをあやすように、ジュンを抱いてあたしに背を向けるだけだった。母が泣いている。そう思うことしか、あたしにはできなかった。母に、「ちょっと歩こう」と声をかけた。しかし、母はなかなか歩き出せない。

出張中に家の前の土地が更地になり、一台のショベルカーが置きっぱなしになっていた。そこは、長い間誰も住んでいなかった広い家の敷地だった。誰かが住んでいた土地でも、そこをなくすと決まれば、たった一週間で更地にされて何もかもが消えてなくなってしまう。

ジュンと母

あたしはその掘り起こされたばかりの更地の土を踏んでみたくて、母に「あそこに行ってもいい?」と訊ねた。母は肩で涙を拭いて、「いいよ」と答えた。

地面に舞い降りたばかりの初雪のように、その更地の土はふかふかだった。あたしは土に突き刺さっていたショベルカーのショベルの下にもぐり込み、膝を抱えて母を見た。母は少しずつ、ジュンのいつものお散歩コースを歩きはじめていた。

あたしは母の所に戻り、「ねぇ、あのショベルの下にもぐったら気持ちよかったよ」と言うと、母の顔がいつもの「母親」の表情に一瞬で戻り、

「危ないでしょ?! ガタンと倒れてきて閉じ込められたらどうするの? そうなったらどこに電話していいかも分かりゃしない」

と言った。

「まぁ、電話するなら消防署だろうね」とあたしはしれっと言って、一瞬で「母親」の顔に戻った母を見て少し安心した。

散歩を続ける。坂道を上って一筋先を曲がった所に、バラが咲き誇る美しい家がある。母は、その家に咲く花々を見るのがとても好きだ。道端には、鳥がついばんで落とした金柑の実が落ちていて、蟻がたかっていた。

「鳥が食べたから、これはきっとすごく甘いんだよ」と言ってあたしはその実を拾い上げ、蟻が

たかっている実は捨て、一つを口に放り込んだ。「ほらね、やっぱり美味しい」と言うあたしに、「食べたの？」と母はすっとんきょうな声を上げた。「あー、美味しかった。ねぇ、ジュンも食べたことある？」とジュンの頭を撫でながら声をかけると、「ないわ！」と母がいつもどおりに呆れて返事をした。

一一時五五分。その日は日曜日だったので、国分太一くんが出演している『男子ごはん』（テレビ東京）を観てから、近くのドラッグストアに行った。目に黴菌が入ったらしいジュンのために、子ども用のソフト目薬を買って帰り、「さしてやって」と言う母の言葉どおりに目薬をさしてやった。無抵抗のジュン。ただ、目薬はしみたらしく、息を荒げてカラダをよじり、前足でジュンは目を擦った。

その後、しばらくの昼寝。涙声であたしを起こす母の声に飛び起きて、ジュンの所に行くと、ジュンは激しく痙攣、そして脱糞し、水を飲んだ。

一四時二〇分、妹が実家に到着。家に着いて早々、妹は「死んだ？」と緊張して訊ねた。「まだ生きてる」という母の声に、妹は爆笑した。腰にバスタオルを巻き、妹は母からジュンの抱っこを代わった。

姪のりり菜と莉子の母親である妹が何の躊躇もなくジュンを抱き上げる姿を見て、あたしは（ああ、妹も母親なんだ）と思った。あたしは死が怖くて、ジュンを抱けなかった。母は、ジュンのウンコがついた自分のズボンを洗いに洗面所に立った。

　静まりきった家に響かせるようにあたしは音を立てて階段を上り、ベランダでタバコを吸った。洗濯竿に吊るされた、あたしが東京出張で着ていた洋服に静かに煙が流れていった。

「ジュン！」と叫ぶてぃぽの声に驚き、あたしはジュンがいるリビングに大急ぎで戻った。隣の和室にいた父も、洗面所にいた母も、ジュンを抱く妹のそばに駆け寄った。父が「死んだか？」と訊ねた。「生きてるよ！」と、家族一同で父にツッコミを入れて爆笑した。ジュンのウンコで汚れたズボンを脱いで洗っていた母は、パンツ一枚でそこに立って笑っていた。

　鳥かごを開けると、てぃぽはジュンのそばに飛び出していき、ソファーをくちばしでキツツキのように叩いた。あたしはジュンのお尻の隣で、ジュンがまだ生きている時間で起こることを逐一メモしていた。

　ジュンのお尻はウンコで濡れていた。ジュンはあたしのそばに来れば必ず、てぃぽばかり可愛がるあたしへの恨みのようにものすご

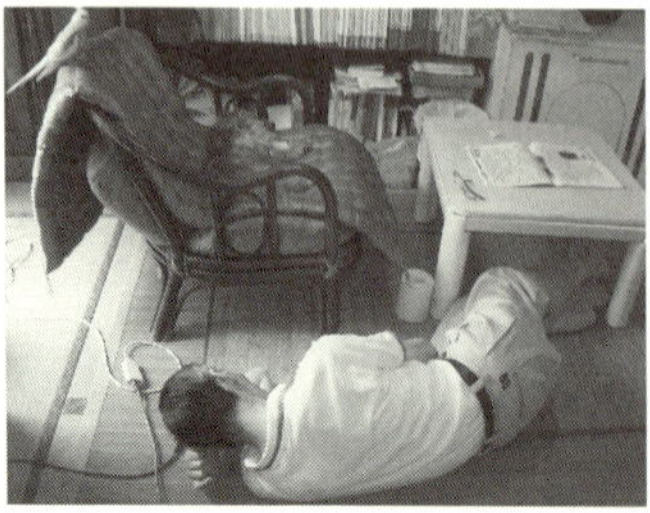

犬は椅子、父は床

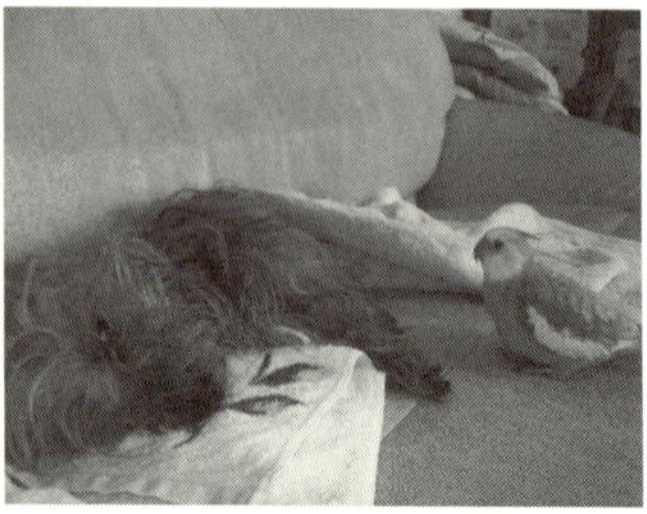

ジュンとてぃぽ

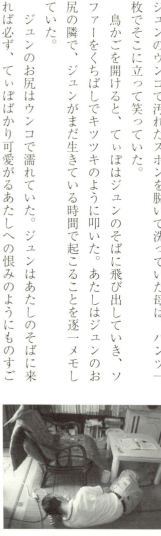

く臭いオナラをするので、あたしはいつも怒っていた。でも今は、ウンコも臭わず、というより、ニオイにまったく生気がなかった。あたしはオナラをした。妹はジュンを抱いたまま、大きなあくびをした。

「本当にさやかは実際的じゃないよね。ウンコをつけて抱いてても、代わろうとしなかったもんね」と母が言うと、妹は「でもいいのかな？　ゆりかの臭い脇のニオイを嗅いで最期だけど」と言った。「いいのよいいのよ、犬は臭いニオイが好きだから」と母が言うと、妹の脇の下に鼻をうずめて抱かれていたジュンが急にむせこんだ。臭いのが好きなんだと、認めるような大きな鼻息だった。

落ち着いて眠るジュンを抱き、「脇のニオイに落ち着いたって。モルヒネだって。あははは」と妹は笑った。「ゆりかが抱っこしてるから、お母さんがズボンのウンコを洗うんだよ。だって、お風呂場で洗うんでしょ？」と妹が言うと、母は「だから、洗面所で洗うんだってば！」と強く言い返した。

何が「だって」で「だから」なのかがよく分

ジュンを抱く妹

からない妹と母の会話だったが、要するに介護、あるいは「看取り」というものはウンコの後始末だということがよく分かった。

一五時一三分、ジュン、激しい痙攣。

「どうしてあげたらいい？　何してほしい？」と妹に抱かれたジュンの背中を、母は優しく擦って言った。

「サム（我が家で一番最初に飼った犬の名前）は、ゆりかが『笑っていいとも！』（フジテレビ）を見て笑ってるうちに死んだんだけどね」と、妹は答えた。

心配するばかりで何もできないあたしは、「ジュン！」と、てぃぽといっしょに叫んだ。妹は、言った。「だから呼ばないで、って。あなたが呼ぶから逝けないって。自分のペースで逝かせてって」と言った。「これまでずっと気持ちよさそうに寝てたんだけどねぇ。やっぱり死ぬのにも、山を越えるのは大変なんだねぇ」と言う母に、「山を越すんじゃなくて、川、越すんだよねぇ。あ、川、渡るんだ」と妹はのん気に答えた。

ジュンの痙攣が収まると、母は妹に「あ、タッキー撮ってあるよ」と声をかけた。「何だっけ？」と言うあたしに、「『真夜中のパン屋さん』（主演・滝沢秀明、NHKBSプレミアム）」と妹が答えると、ジュンが痙攣した。

「ああ、来た来た」という妹の声に、あたしはたまらず「ジュ～ン！」と呼びかけた。

「だから、呼ぶなって！」と、あたしは妹に叱られた。

テレビ画面には録画されていた『真夜中のパン屋さん』が映っていた。物語では、タッキーが演じる「暮林さん」の恋人の「みやこ」がつくっていたクリスマス菓子の「シュトーレン」に入れられていたスパイスが、キャラウェイだったと判明していた。「クリスマスって、お前にはちゃんと愛してくれる人がいるか？って、聞かれる日な気がする」という台詞に、母は急に溢れた涙を拭いた。

一七時二〇分、ジュン、痙攣。

思わず「ジュン！」とてぃぽといっしょに叫んでしまい、あたしは妹にまた怒られた。痙攣が落ち着くと妹は、「そろそろ帰るわ」とジュンを母の膝の上に載せた。母が「俺が見送ってやる。ねぇー、ジュン？」とジュンに語りかけると、ジュンを看取りたくて実家に帰ってきた妹は、「残念でした。反対のつもりで来たんだけど」と答えた。あたしは妹を車に乗せた。

一八時一〇分。ジュンは母の腕の中で、注射

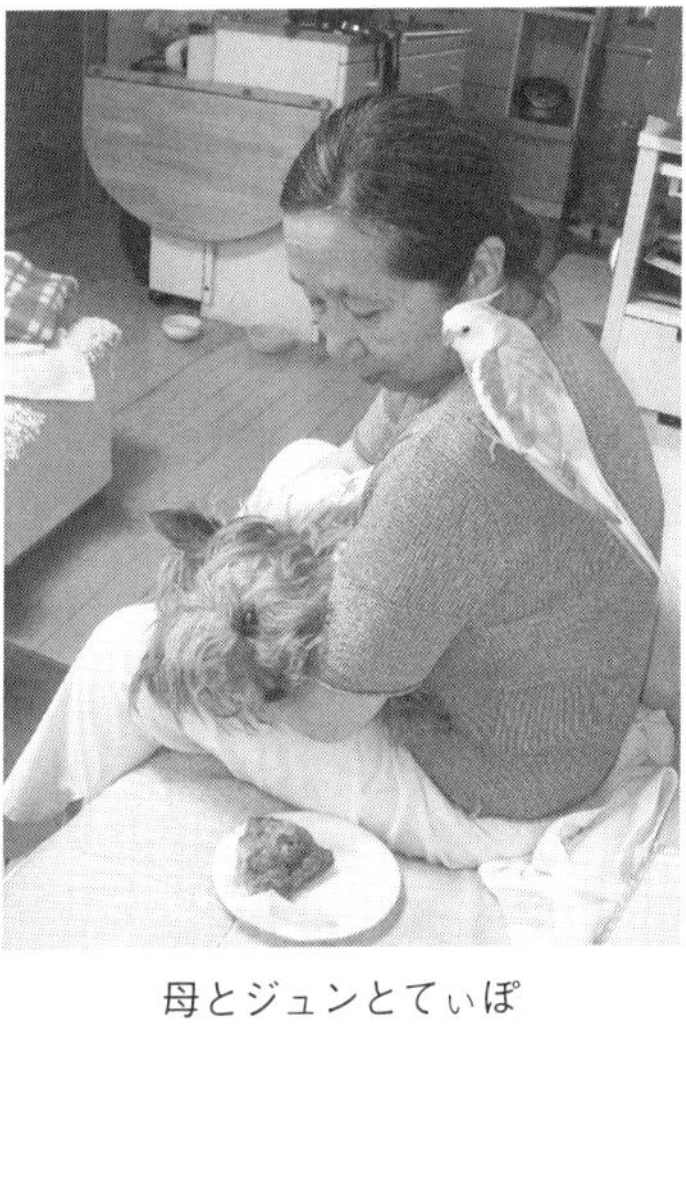

母とジュンとてぃぽ

器から口に注がれる水を少し飲んだ。ジュンの頭をごしごしとあたしは撫でた。鼻を鳴らし、口から苦しそうな息をジュンは吐き続けた。

一八時二〇分、ジュン、痙攣。

口をあぐあぐさせて必死に息を吸い、ジュンは悶えた。脱糞。ウンコのニオイが漂ってくる。母は「もう逝っちゃいなさい、もういいから」と言った。

一八時三〇分、痙攣が止まった。

「どうする？　どっちやる？」と訊ねる母に、「床拭くわ」とあたしは答えた。もう糞ではなく、血の滴が床に落ちていた。もう、一面にではない。数えられるくらい床に広がっていた血の糞のあとを、あたしはティッシュと雑巾でキレイに拭きあげた。

母の腕がジュンの糞で汚れていた。その糞を母が洗面所に洗いに行く間、あたしがジュンを抱いていることになった。首もすでに座らず、さらに軽くなっていたジュンのカラダをあたしは受け取った。

「お願いだから、あたしの腕の中で逝かないで」とたまらず言ったあたしに、洗面所から戻ってきた母は「なぜ？」と訊いた。「だって……悲しすぎて、無理だから」と、大人気なくしゃくり上げて泣くあたしの腕からジュンを受け取って、母は静かにソファーに腰を下ろした。ジュンの荒い息と父の大きなくしゃみ、そしてあたしが走らせるペンの音と大きな母のため息が夕暮れのリビングに響いた。

一九時〇一分、ジュン、痙攣。

空気を必死に吸おうとするジュンの息遣いは、まるで空気漏れをする自転車のタイヤのようだった。どんなにたくさん送り込んでも、空気は虚しくスカスカと口からどんどん漏れていく。そばで見ていたあたしの目と鼻は、水漏れが止まらない水道管のようだった。どうしたって涙も鼻水も止まらない。怖くてしんどくて、目を開けていられなかった。

母がジュンの背中を優しく叩く音が聞こえた。痙攣が連続している。何かを呑み込む音なのか、はたまた何かがカラダから出る音なのか。ジュンから、トクトクトクと音がした。「苦しい苦しい、苦しいね」とジュンに話しかける母の声がした。

一九時一九分、『真夜中のパン屋さん』のあらすじをあたしに語る母の腕で、ジュンはまた痙攣。顎をカクカクさせて息を吸おうとするジュンの口や喉からは音がしない。

隣の部屋で『真夜中のパン屋さん』の原作本を読んで、からからと父が笑う声がした。その声に苛立った母が父に、「もういいかげんにして！　今日はその本を読まないで！」と怒鳴ったが、母は『真夜中のパン屋さん』のあらすじをずっとあたしに語り続けた。

いつしか、ジュンがまだ若かったある花火の日に、音に驚いて脱走したジュンの話になった。

小さいころから、ジュンは家から逃げては問題を数知れず起こした。盲目になってから、家から逃げ出したジュンは助けようとしてくれた人に噛みつき、警察から「咬傷犬」とされて、動物愛護センターに保護されて発見された。また、側溝に落ち、下水道を歩いて辿り着いた地下二メートルのマンホールの横穴から顔を出したところを、息も絶え絶えに救出されたこともあった。

ジュンを見つけるのはいつも母だった（二メートル下のマンホールの横穴から顔を出して鼻息を鳴らす、ジュンの微かな音を聞き分けた母の神業を、あたしは一生忘れることはないだろう）。思い出話に呆れるあたしに、母は「楽しかったじゃない？　うちらしくて」と優しくジュンの背中を撫でて笑った。

二〇時〇五分、ジュン、痙攣。窓から流れ込む涼しい夜風にあたり、ジュンは落ち着いた。

二〇時〇九分、痙攣。ジュンは手足をばたつかせたが、すぐに静かになった。

二〇時二四分、痙攣。鳥かごのてぃぽが餌をついばむ音がした。

二〇時三四分、痙攣。母の腕で大きく手足をばたつかせ、しゃくり上げるようにジュンは息をした。母は、庭の暗闇をじっと見つめていた。その晩の庭先は、気のせいかいつもより黒く見えてしまった。

二〇時四三分、痙攣を起こすたびに立ち上がっていた母がソファーに座った。

「これ、オシッコ」と失禁したジュンがつくったズボンのしみを愛おしそうに撫で、母は「ズボンを変えてくる。ちゃんと見てて」と言うと、ジュンをソファーに広げたバスタオルの上に寝かせた。あたしが「うん。何かあったら大きい声出すから」と答えると、「いいよ、出さなくて」と母は答えた。

抱きあげた。

二〇時五〇分、ジュン、痙攣。苦しそうに大きく手足をバタつかせるジュンをあたしは思わず抱きあげた。あたしの涙とジュンの尿が溢れてきたが、大きな声などとても出なかった。

――やっぱり死ぬのは、あたしの腕なのか？　この家でジュンを一番最初に抱きあげたのがあたしだったから、と思った瞬間、初めてジュンとペットショップで出会ったときの情景が目に鮮やかに蘇った。それは可愛くて可愛くて、本当に可愛くて、もう絶対、飼うのはこの子だなと思った瞬間だった。「ありがとね」あたしは腕の中のジュンにそう言った。

二〇時五八分、着替えてソファーに戻った母の腕の中でジュンはまた痙攣した。カクカクと鳴るジュンの顎の音は、小さなカスタネットのようだった。

「在宅での看取りって大変だね。テレビで見てると楽そうに見えるけど。その人を愛していれば愛しているほど、在宅で看取ろうと思うのだろうけど、その人が苦しむのをずっと見てなければならない。何と……辛いこと。病院なら病室を出れば、目を逸らすこともできるけど……」

そう言った母を見ると、鼻をほじっていた。「何で鼻ほじってんの?!」と言うあたしに、「だって、やることないんだもん」と答えた母は、旅の折り込みチラシに目を通した。

二一時三〇分、ジュン、痙攣。「疲れたー」と言うあたしに、「疲れたー」と答える母。抱きあげる気力も出ず、三三七拍子のリズムで悲しくジュンの名前をあたしは呼び続け、母がジュンの前足をぎゅっと握ると痙攣が落ち着いた。

「一番疲れたのはジュンだよね」と母は言って、新聞を読みはじめた。

二二時四五分、正規の時間で放映されていた『真夜中のパン屋さん』も終了。「寝よっか」と言う母に、「ジュン、どうするの?」とあたしが訊ねると、「上に連れていって寝るよ。いつもそうしてるよ」と母は答えた。「いろいろありがとう」と言う母に、あたしは「何もしてないよ」答えた。

「そばにいてくれるだけで……」

涙声の母は、ジュンを抱いて自分の寝室に入っていった。

二四時四〇分、涙声の母に起こされた。

「ジュン、死んじゃったよ」

母の声に、あたしは体の節々が痛くて起きあがれなかった。「そう。ずっと看てたの?」と訊ねると、「ううん。疲れてふっと寝てた」と母は答えた。「そう。ご苦労さん」と言ったあたしに背を向け、母はジュンが永眠する寝室に戻った。

起きあがって母の寝室に入っていき、ジュンの前足を掴むと冷たく硬くなっていた。母が泣いている。

「ちょっとの間だったぁ……。何だかイエス様みたい。苦しんでいるときに弟子たちがすべて寝ちゃっていて、『お前たちはちょっとの間も起きていられないのかって』（「ルカの福音書」第22章46）」と言って泣く母に、「違うよ」とあたしは答えた。

「私にしても、あなたにしても、ジュンが発作を起こすたびに泣いていたから、ジュンは心配して死ねなかったんだよ。私もあなたも、てぃぽも眠ったから、ジュンもいっしょに眠ったんだよ、家族だから。だから、いっしょに眠ったんだよ」

あたしの言葉に母は、「昨日でよかった。日曜日だったから、家族みんながいた。一人じゃとても無理だった」と言った。暗闇のなか、てぃぽを肩に載せ、母の硬い脛を

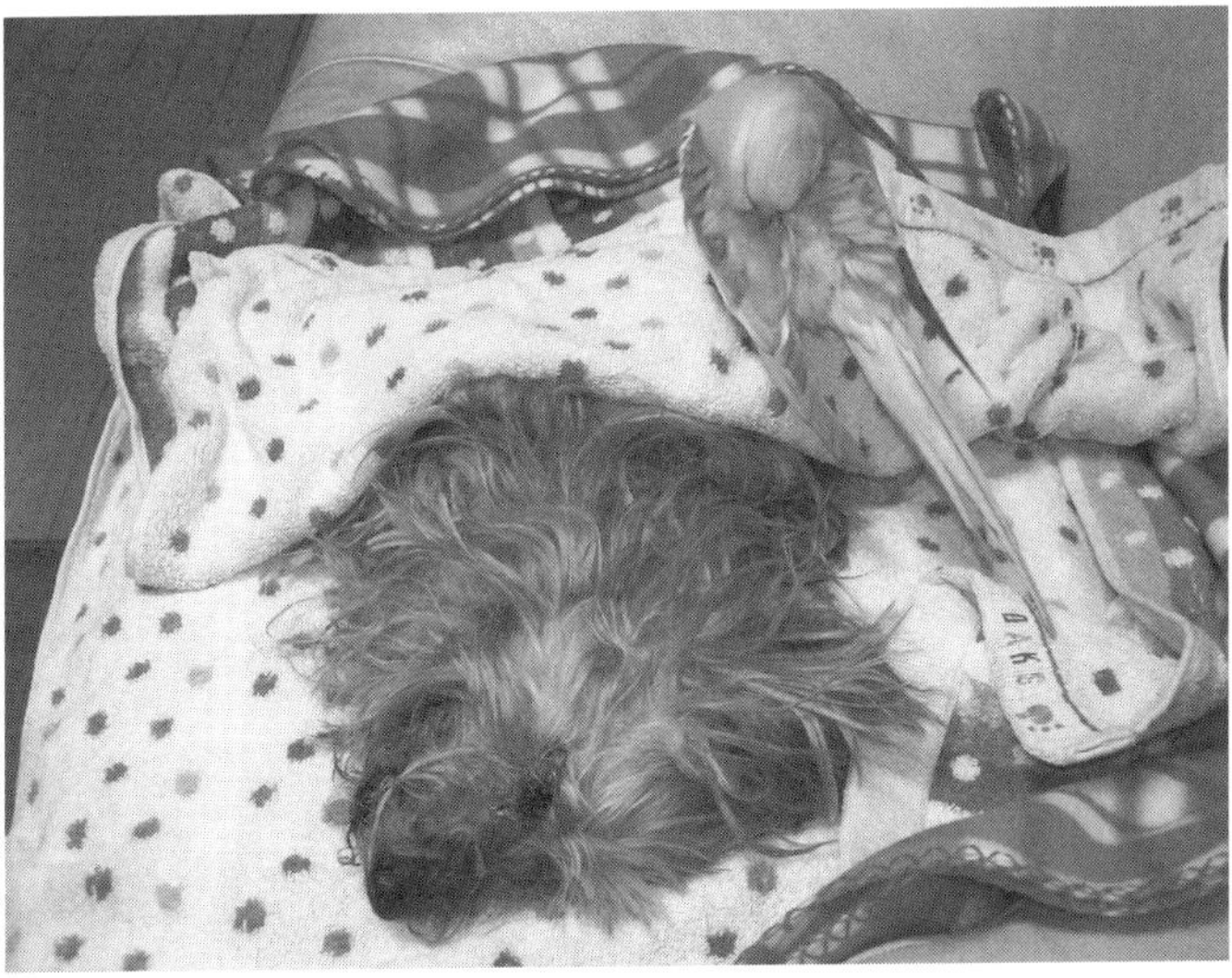

ジュンのそばで眠り込むてぃぽ

あたしは枕にしながら二人で泣いた。

　あたしと母は階段を下り、ジュンのお尻を洗いに洗面所に行った。灯りで明るくなり、やっと見えたジュンの屍を見たてぃぽは「ジュン」と呼びかけた。あたしはてぃぽに話しかけた。

「最期のケアをね、エンジェルケアって言うんだよ。天使のケア。ねぇ、てぃぽ。ジュン、死んじゃったよ」

　六月九日、一時三〇分。お尻を洗われドライヤーで乾かされたあと、清潔なタオルの上に寝かされたジュンの毛は、まるで生きているかのようにふわふわだった。ジュンの乾いた鼻を優しくかじり、ていぽは「カワイイ」と一言、そう言った。

　母が父の部屋の扉を開けた。「ジュン、逝っちゃったよ」という母の声に、「死んだのか。もう二時か」と言って父は起きあがろうとした。「いいよいいよ、そのまま寝てて。ジュンをそっちに連れてくから。ジュンは、じじの布団が好きだったから」と母は答え、ジュンを父の布団に寝かせた。

「よー、生きたな」

　そう言って、父は静かに眠りに落ちた。あたしはてぃぽを鳥かごにしまった。

　真夜中、灯されたキャンドルのあかりの傍らで、「今日はお通夜だね」とあたしと母は熱い緑茶をすすった。

夏の花と大好物のフライドチキン。棺の中のジュン。

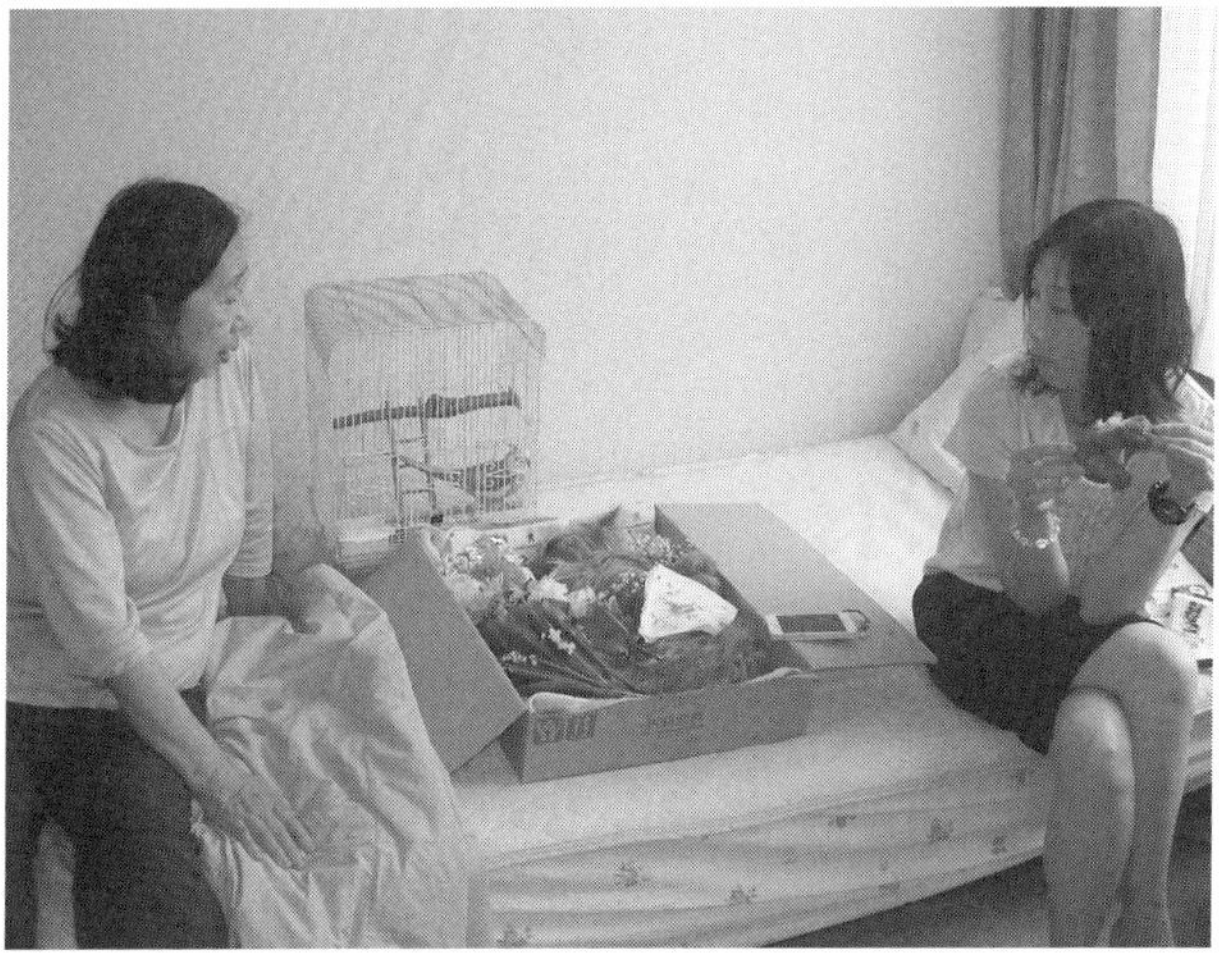

母と妹、てぃぽに囲まれて

おわりに

前作、『しょうがいしゃの皆サマの、ステキすぎる毎日』が出版されてから九年が過ぎ、「次は何のお話を書こうかな？」とぼんやりと考え、そして「今度は、大都会のしょうがいしゃ福祉について書いてみたいな」という思いが、今回のこの本、『孤独死の看取り』を書き上げる大きなきっかけになったことは「はじめに」でも書きました。その後、この本を書くにあたって、たくさんの方々にお会いすることができ、本当にお世話になりました。その方々のお名前とそれぞれの方々へのお礼の言葉は、この「おわりに」の最後に述べさせていただきたいと思いますが、まずは皆さま、本当にありがとうございました。

大変お世話になりながらも、一冊分という文字や頁数に収めるために、まったくこの本ではその研究成果を示せなかったフィールドワーク先がいくつかあります。その一つが、この八年間という長い月日と現在も継続して研究を行っている、障害者プロレス団体「ドッグレッグス」です。なぜ、この『孤独死の看取り』の「おわりに」で「ドッグレッグス」の話をするのか。それは、ドッグレッグスの代表者である北島行徳さんが好きだと仰っていた言葉をここで紹介したいからです。初めてその言葉を聞いたときには、その意味がまったく分からなかったけれど、『孤独死の看取り』を書き終えた今であれば、その意味が自分の問題として「分かる」気がするのです。それは、「愛は負けても、親切は勝つ」という言葉です。

今や毎年の夏の「社会福祉」の恒例番組となった番組のタイトルでも、「愛は地球を救う」と謳われています。しかし、北島さんだけでなく、この本の筆者である私もまた「愛は負ける」ものかもしれないと考えています。この『孤独死の看取り』を書くためにさまざまなことを知り、一冊の本にまとめたことで、その思いは強くなったというよりも、むしろ分からなくなりました。けれど、こうして原稿を書いている時間が刻々と過ぎるなかで、年老いていく父を看ていると、やはり思うのです。愛だけでは、介護は家族であってもできない。介護は介護であり、看取りもまた看取りであって、それ以上でもそれ以下でもない。ただそのときにできることをするだけ。それは愛ゆえにではなく、見殺しにするわけにはいかないから。自分に介護や看取りが必要な人が家族として存在してしまっているし、面倒を見られるからそれをするだけなのだ、と。

この本を書くためにさまざまな現場を訪れ、たくさんの方にお話をうかがっていくうちに、「愛は負けても、親切は勝つ」という、北島行徳代表の言葉の意味が理解できるようになった気がしています。愛は何に負けるのか。この世の不平等、不条理、そして「死」に対しては、家族の愛をもってしても勝つことはできない。けれど、親切はどうか。北島さんはこう仰いました。

「たとえばね、目の前に小さな子が倒れていたとする。そのときには『愛が』などと言わなくても、その子を起こしてあげるでしょ？　親切って、そういうことじゃないかと思うんです」

あたしはその言葉を聞いて、（ああ、そうだよな）と思いました。理由なんてない。ただ目の前に倒れている人がいるのなら、その人を見捨てずに、そのときの自分にできることをするだけなんだな、と。

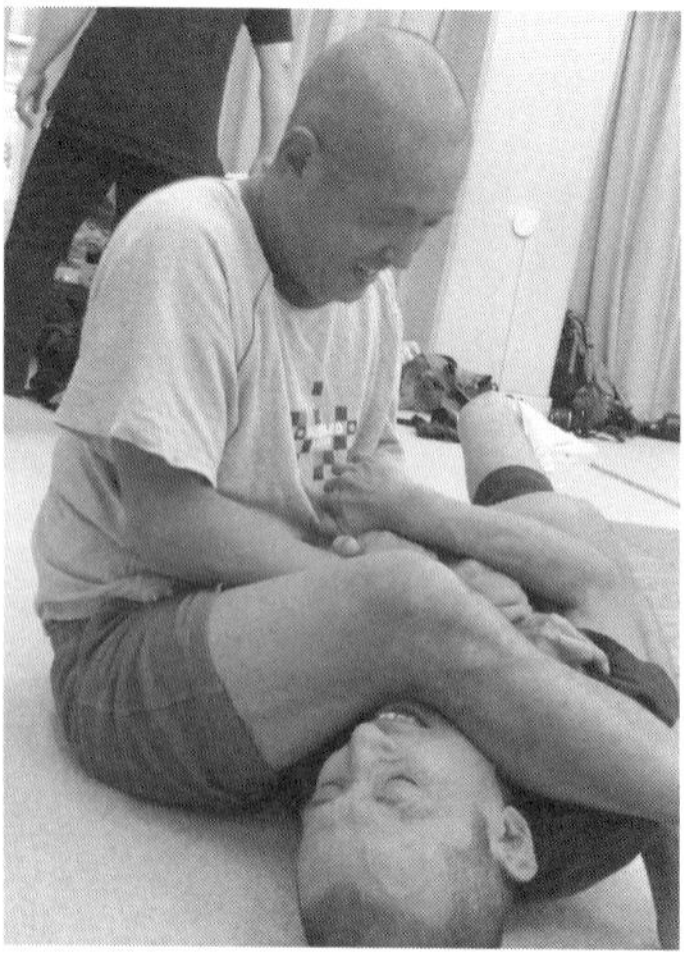
北島さんと慎太郎の練習風景

だから、北島さんは障害者プロレスを主催し、ホテル白根のおかみさんはお客さまのお世話をし、ハーモニー、そして即興楽団UDje( )《うじゃ》の皆さんは、医療や社会福祉のサービスが必要な人の傍にいる。そこで、自分にできることを真摯に、誠実に、精いっぱいしている。

本当に、ただ、それだけなのです。

とは言いつつ、北島さんやこの本に出てくるすべての素晴らしい皆さんであっても、「聖人君子」ではありません。一番手がかかり、一番腹を立てさせる、それぞれの目の前にいる人に本気で腹を立て、時には声を荒げ、どうしたらいいかも分からずに絶望感に打ちひしがれて途方に暮れている。「人として許せない！」そんな言葉を、その時々の自分に正直に口にしていたりする。けれども、その様子を見ていると、ああ、人のそばにいるのはまぎれもなく人なのだなと私は思い、安心するのです。ああ、みんな、同じなんだなと。

ただ、この本を書いていたときの「あたし」の様子を文字にして読み返してみるたびに思うのは、「本当に何もできない、情けない人間だなぁ」ということです。こんなに正直に、何もできないと書いてよいものなのか。これを本にしていいものなのか？　これは研究なのか？　と。

前作もそうでしたが、私はいつも研究成果を文章にするたびに逡巡しています。けれど、この本を書こうと決意したのは、第2章で取り上げた「ハーモニー」で出会った中村さんのお名前と同じ音をもつ、あたしの恩師、仲村祥一先生の「私社会学」の考え方を私なりに形にしたいと思ったからでした。

仲村先生がお書きになった『夢みる主観の社会学　私社会学ノート』（世界思想社、二〇〇〇年）において、仲村先生は「私社会学」を次のように示しています。

「人間どうしの関係を社会の言葉で呼ぶならば、その存立の可能・不可能を客観的ロゴスのレベルにおいてでなく、喜怒愛憎、落胆希望しつつ生死する心身的主体のそれとして問いかけたいのだ」、「私社会学はどこに感動できる真の社会を求めようとするのか、それは、私が私であることを忘れさせない、徹底的に私性を離れない他者との間の感動ある結びつきの経験を確かめたい、と希望する」

社会問題を、「自分の問題として『分りたい』と思う」という姿勢を貫き、「人は主体としての自分に特殊な問題に、十分主観的にかかわることなしには、主体としての他人に通ずる普遍的な問題に行き会うことはな」く、「普遍なくして社会問題はないが、容易には跳べない特殊にこだわり続けることによってのみ、普遍に迫りうる」のだと。

この仲村先生の「社会問題を自分の問題として『分る』」私社会学の考え方については、直接教えていただいていた大学院生のときにはあまり理解できていなかったかもしれません。けれど、この九年間のフィールドワークで見てきたさまざまな出来事を「喜怒愛憎、落胆希望しつつ生死する心身的主体のそれとして問いかけ」てみたいと今の私は強く思っており、その思いがこの『孤独死の看取り』を通して、読者の皆さんに伝えられていたらと願っています。

この『孤独死の看取り』では、前作同様に、私が研究した内容を「喜怒愛憎、落胆希望しつつ生死する心身的主体」として正直にまとめました。この「あとがき」の冒頭で、「愛は負けるかどうかは「分からない」」と書きましたが、それはこの本で研究したフィールドワーク先で行われ続けている毎日の営みが、すべて完結しているものではないからです。だから、この本で書かれていることは、当然のことながらすべてではありません。けれど、こうして「おわりに」を書いている今も、誰かのご臨終の傍らにいらっしゃる方がいて、そのときにできることを精いっぱいしていらっしゃる方々がいる。
　その時間で起きている出来事のなかで私ができたことが、この本をまとめることでした。ただ、私はそのときの私の正直さで見てきたことを皆さんに伝えたいと心から思いました。この本を読んでくださった皆さんが、どうか、皆さんにできる「親切」を「喜怒愛憎、落胆希望」しながら全うすることができますように、と祈りつつ、この本を終わりたいと思います。

　この本を書くにあたって、まずは大きなチャンスを下さいました私の恩師の西下彰俊先生に、ここでお礼の言葉を伝えたいと思います。そして、たくさんの出来事を教えてくださったNPO法人友愛会の吐師秀典さん、田中健児さんとスタッフ、利用者の皆さん。ホテル白根のおかみさんである豊田弘子さん。ハーモニーの新澤克憲所長とスタッフ、メンバーの皆さん。即興楽団UDje《うじゃ》( )の皆さん。「思ったように書いたらいいんだよ」とずっと私を励まし続けてくださった柿本昭人先生。そして、この本のためにたくさんご尽力いただき、また出版を誰よりも一番楽しみにしてくださった新評論の武市一幸さんと、私の大事な弟子の水野志保さん。心強い推薦文を、ご多忙のなか寄稿してくださった映画『ファンタスティポ』のプロデューサーである山際新平さん。人として相手と向き合う強さと優しさを教えてくれた障害者プロレス「ドッグレッグス」の皆さんと北島行徳代表。執筆に行き詰るたびにたくさん慰め、私を励まして下さった皆さん。すべての方々のお名前をここに示すことができず大変申し訳ありませんが、皆さま、本当にありがとうございました。

そして最後に。この本を書いた私を生んでくれた私の母と、家族や親戚には心から感謝しています。愛犬ジュンの看取りでは何もできなかった分、この『孤独死の看取り』を書き終えた今だから言うのですが、家族の看取りはきちんと行うと約束します。ずっと抱きしめられていたジュンを抱きしめるように、私は母を抱きしめて看取りたいと思いました。私にはあなたを抱きしめられる腕があるから、看取りのときのあなたを抱きしめられると、私はそう思うのです。

――看取りがすべて、そうであったらいいなと願いつつ

二〇一五年　冬

ドクターファンタスティポ★嶋守さやか

著者紹介

ドクターファンタスティポ★嶋守さやか

1971年、川崎市生まれ。

桜花学園大学人文学部人間関係学科准教授。

2002年、金城学院大学大学院文学研究科社会学専攻博士後期課程修了、社会学博士。専攻は、福祉社会学、家族社会学。

著書は、『社会の実存と存在――汝を傷つけた槍だけが汝の傷を癒す』（柿本昭人氏との共著、世界思想社、1998年）、『社会福祉士・介護福祉士養成テキスト　高齢者福祉論――精選された基本の知識と実践への手引き』（西下彰俊・浅野仁・大和三重編、川島書店、2005年）、『せいしんしょうがいしゃの皆サマの、ステキすぎる毎日』（新評論、2006年）ほか。

映画『ファンタスティポ』と社会福祉的な営みを架橋するための社会学研究に驀進する社会学博士。

脱力★ファンタスティポ系　社会学シリーズ②

孤独死の看取り　（検印廃止）

2015年3月1日　初版第1刷発行

著　者　ドクターファンタスティポ★ 嶋守さやか

発行者　武市一幸

発行所　株式会社 新評論

〒169-0051　東京都新宿区西早稲田3-16-28
電話　03(3202)7391
振替・00160-1-113487

落丁・乱丁はお取り替えします。
定価はカバーに表示してあります。
http://www.shinhyoron.co.jp

印刷　フォレスト
製本　中永製本
装幀　山田英春
写真　嶋守さやか
（但し書きがあるものは除く）

ISBN978-4-7948-1003-8